上海高校青年教师培养资助计划（STY11015）资助
上海市教育科学研究项目（B11051）资助

体育信息技术

王 杰 著

内 容 提 要

本书按照知识发现的一般次序，系统阐述了体育信息技术的内涵、研究领域及其应用案例。全书分为六章：第一章围绕体育信息技术的内涵、发展历程、应用领域及发展前景展开；第二章论述体育数据采集的定义、分类及在部分体育项目中的应用；第三章论述体育信息资源检索的方式；在第二、三章数据获取的基础上，第四章论述了体育数据分析和特征提取的方法，并对比赛案例进行了分析；第五章论述了体育信息展示技术，并列举了以软件为支撑撰写论文、制作训练计划和比赛技术分析的案例；第六章为体育信息技术的智能应用，即依靠机器学习的方法进行数据挖掘提供比赛决策支持，书中以优秀乒乓球运动员比赛数据的挖掘为例进行了阐释。

序

信息化的大潮席卷着全世界,在这样的背景下,人们的生产、生活、工作均受到了信息化的巨大推动,发生着前所未有的变化。随着经济的高速增长,中国的信息化也有了显著的发展与进步,信息技术在科技、金融、生活等各个领域得到广泛应用。以2010年为例,我国政务信息化市场规模达1014亿美元,电子信息产业销售收入规模7.8万亿元。目前,我国已经处于信息化发展的第三个阶段,以物联网、云计算、4G为代表的新一代信息技术正在逐步走入寻常百姓家,人们对信息化的巨大需求和科学技术的巨大进步推动了信息技术正在向着更高、更远的方向发展。

电力信息化、金融信息化、医疗信息化、军事信息化,体育领域也在探索信息化之路。相对其他领域而言,体育信息化的起步较晚,信息化的发展较慢,尤其是高科技辅助训练和比赛方面,我国落后于发达国家,20世纪80~90年代才逐步在记分等小型运动会上得到初步应用。因此,在该领域开展探索性的研究,为体育信息化水平提升提供理论支撑显得尤为重要。但从相关研究来看,在国内尚未见到对体育信息技术进行系统阐述的著作,编者从这一角度出发开展研究和论述,填补了这一领域的空白。

2004年以来,上海体育学院教师积极参与国家队的训练和比赛备战,探索使用信息技术手段服务于运动队训练和比赛实践,取得了一系列突破和创新型成果。例如:首次将多媒体技术用于国家乒乓球队比赛备战和业务学习;开发了面向对抗性项目技战术分析的数据采集与分析软件,这些成果密切结合运动训练和比赛实践,为国家队解决训练和比赛中存在的难题,得到了教练员和运动员的一致好评。经过2004~2012年两个周期的科技服务实践和检验,课题组逐步形成了依靠信息技术手段科学有效分析比赛技战术的方法,课题研究先后获得了国家体育总局、上海市的相关表彰和奖励,2012年获得了国家科技进步二等奖。以科技奥运为契机,依靠现代信息技术支撑,紧密结合运动队训练和比赛实践,积极服务于国家奥运战略,这是我们形成的共识,希望通过相关的论述对我们的这些成果进行总结,为开展相关项目和课题研究提供经验参考。

信息技术涵盖内容较广，从计算机技术、数据库技术到通信技术、网络技术，再到如今的物联网技术均属于这一范畴。编者按照体育数据采集、信息检索、数据分析与特征提取、体育信息展示技术的顺序展开论述，符合信息技术获取与应用的一般过程。最后一章对机器学习的方法进行了初步阐述与应用，这为探索数据挖掘方法在体育中的应用提供了参照。

编者是我校青年教师，多年来一直从事体育信息技术相关的研究和教学工作，曾就职于国家体育总局运动技战术诊断与分析重点实验室，多次参加了国家乒乓球队、国家击剑队的奥运和世界大赛备战和科研保障工作，参与了科技部、国家体育总局、上海市科委和教委课题的研究工作。其研究密切结合运动队训练和比赛实践，科学合理地将信息技术手段渗入到日常的训练和比赛中，得到了国家队和相关项目中心的肯定和好评。编者也在将这些成果运用到本科生教学实践，希望学生能掌握这些信息技术手段，为后续的竞技体育和全民健身实践服务。本书是编者多年研究经验的积累和总结，希望能为体育信息技术在本领域的其他应用提供参考。

陈佩杰
2013年8月于上海

前言

当前的时代是一个信息化的时代，人们的生活越来越离不开信息技术的参与，信息技术正在广泛深入地影响着社会各个层面，信息化对经济社会发展的影响则更为深刻，信息资源日益成为重要生产要素、无形资产和社会财富，依靠网络和其他信息手段获取信息资源成为日常生活的首要手段。英国的微软实验室曾经进行过一次"网络生存"实验。4位各有特征的实验参与者被独立地关在不同的屋子里，除了一件浴袍和一张存有500英镑的信用卡外，不提供其他生活用品，唯一只有互联网与他们相伴，然而在经过漫长的100小时后，4位实验参与者毫发未损地活了下来，当问到他们的感受时，他们一致要求继续这样的实验，"希望实验永不结束"。人们通过信息网络平台可以购物、聊天、游戏，满足了生活的需要，可见信息化时代人们的生活正在经历怎样巨大的变革。

信息技术在经济生活的各个方面得到深入应用并产生了巨大生产力，在体育领域的应用同样如此。自从1983年全运会首次使用计算机记录和统计比赛成绩开始，信息技术在体育领域得到了大规模的应用。尤其是2008年北京奥运会的召开，给信息技术在体育中的应用带来了极大的发展契机。我国体育系统信息化建设和信息技术应用也得到更为广泛、深入的发展。体育信息技术分别在大型运动会信息系统建设、体育领域电子政务、运动训练辅助系统、体育教学与管理等方面得到深入应用。科技服务，尤其是信息技术在训练和比赛中的应用取得了重大突破，以数据采集软件、多媒体技术、数据库技术、信息网络技术、数据挖掘技术等为内容的信息技术手段在训练和比赛决策支持中发挥了重大作用。

以数据采集技术和多媒体技术服务竞技体育为研究内容的课题组在2007年前后组建并承担了国家乒乓球队、国家羽毛球队、国家女排、国家女网等运动队的科研备战服务工作。以国家科技支撑计划项目支持为基础，课题组开展了隔网对抗项目致胜因素关键技术的研究，取得了一系列研究成果。笔者作为课题组成员参与了课题的研究过程，并参与了国家乒乓球队备战第29届奥运会的备战工作，亲身体验和经历了信息技术在运动队训练和比赛中的逐步应用过程，并获得了国家队相关人员的认可。在随队科研工作的过程中深刻体会到信息技术对训练比赛的巨大推动作用，同时也感受到运动队和科研人员对信息技术理解和运用水平上的巨大差别，于是萌生了对信息技术在体育中的应用进行相关研究和探索的想法，希望能推动这一学科向规范化和深入应用提供支持。2008年以后，课题组成员将研究成果推广到整个对抗性项目的研究并在知识表示、数据挖掘、决策支持系统等领域开展了后续研究，以信息技术为支撑的对抗性项目致胜因素研究获得了上海市科技进步二等奖。笔者也在这一阶段继续进行数据挖掘等相关研究，并逐步形成了体育信息技术这一学科的基本认识。体育信息技术是一个新兴的学科，国外相关文献将其命名为"Sport Informatics"，但尚未查到对这一学科的系统论述，希望本书的出版能为体育信息技术这一学科的发展提供参考。

在本书编写过程中查阅和参考了大量的网络资料、文献和相关课题研究资料，在此对原作者一并表示谢意。本书出版得到了上海高校青年教师培养资助计划(STY11015)和上海市教育科学研究项目(B11051)的资助，在此表示感谢！由于编者经验有限，书中难免存在疏漏和不足之处，恳请专家和读者不吝赐教！

王 杰

2013年8月于上海

目录

第 1 章　体育信息技术概述 ·· 1
　1.1 信息技术 ·· 1
　1.2 体育信息技术 ·· 2
　1.3 体育信息技术的研究领域 ·· 3

第 2 章　体育数据采集 ·· 6
　2.1 体育数据采集的类型 ·· 6
　2.2 体育数据采集软件的应用 ·· 8

第 3 章　体育信息资源检索 ·· 10
　3.1 信息检索的原理 ·· 10
　3.2 体育信息资源的检索与利用 ·· 11
　3.3 体育数据库及其检索方法 ··· 22
　3.4 常用数据库检索 ·· 23
　3.5 体育专业数据库 ·· 35
　3.6 体育特色数据库 ·· 35

第 4 章　体育数据分析与特征提取 ·· 37
　4.1 体育数据分析方法的演进 ··· 37
　4.2 体育数据分析软件的应用 ··· 38
　4.3 Excel 软件及其在体育领域中的应用 ······························ 38

第 5 章　体育信息展示技术 ·· 47
　5.1 文字处理软件 Word 及其在体育领域的应用 ··················· 47
　5.2 PowerPoint 软件及其在体育领域的应用 ························· 76
　5.3 视频播放技术 ·· 100

第6章　机器学习方法及其体育应用 …………………………………… 111
　　6.1 机器学习方法 ……………………………………………………… 111
　　6.2 乒乓球比赛技术评估研究现状 …………………………………… 112
　　6.3 基于机器学习的乒乓球比赛技术评估方法 ……………………… 115
　　6.4 基于机器学习的乒乓球比赛评估案例分析 ……………………… 117

参考文献 ………………………………………………………………… 175

第 1 章 体育信息技术概述

体育信息技术是信息技术与体育学科的交叉学科,该学科的诞生既丰富了信息技术学科的研究和应用领域,又促进了体育科学的发展和进步,目前已经在赛事组织与管理、电子政务与办公、体育多媒体技术应用、数据采集、数据挖掘、体育信息平台、体育仿真及其智能应用等方向深入发展。本章从信息技术的概念入手,由浅入深介绍了信息技术及其应用领域、体育信息技术及其应用领域、体育信息技术未来的发展趋势等,力求让读者形成对体育信息技术这一概念的基本认识。

 重点内容:

- 信息技术的概念;
- 体育信息技术的概念;
- 体育信息技术的发展历程;
- 体育信息技术的发展前景;
- 体育信息技术的研究领域。

1.1 信息技术

信息技术是处理数据与信息的技术,其内容包括:数据采集、数据处理、数据传输、数据管理、数据组织、数据存储、信息加工与处理、信息保存、信息传送及信息的检索等技术。

信息技术的发展综合了科学、技术、工程以及管理等学科,信息技术的应用包括计算机硬件和软件、多媒体技术、网络通讯技术、信息检索技术等。信息技术的推广和广泛使用以计算机和互联网的广泛普及和使用为标志。

当前,人们的生活越来越离不开信息技术的参与,如网上办公、网上娱乐、网上购物已成为大众生活的重要组成部分。英国的微软实验室中曾经进行过一次"网络生存"实验。4位各有特征实验参与者被关在独立的屋子里,只穿着一件浴袍,手上只有一张存有 500 英镑的信用卡,在漫长的 100 小时,只有互联网陪伴着他们。100 小时后,4 位实验参与者毫发未损地活了下来,利用网络购物,他们获得了基本生活资料和各自喜好的消费品,当然也有他们买不到的东西。然而电子邮件、网上聊天、游戏与学习使他们的生活变得丰富多彩。实验结束后,4 位实验者异口同声地回答:"但愿实验永不结束。"

人类信息技术发展经历了 5 次革命,分别是:语言的使用,文字的创造,造纸和印刷术的发明,电报、电话、广播、电视的发明和普及应用,计算机技术与通信技术的结合。

信息化是当今世界发展的大趋势,信息技术是推动经济社会变革的重要力量。20 世纪 90 年代以来,信息技术不断创新,信息产业持续发展,信息网络广泛普及,信息化成为全球经济社会发展的显著特征,并逐步向一场全方位的社会变革演进。进入 21 世纪,信息化对经济社会发展的影响更加深刻。广泛应用、高度渗透的信息技术正孕育着新的重大突破。信息资源日益成为重要生产要素、无形资产和社会财富。信息网络更加普及并日趋融合。信息技术已经成为全球一体化的重要推动力量。

1.2 体育信息技术

1.2.1 体育信息技术的定义

体育信息技术是指服务人们体育训练、比赛和教学等方面的信息技术的总称。体育信息技术的研究领域包括了体育教学、运动训练、赛事组织和管理等诸个方面,应用技术涵盖了计算机软硬件技术、数据库技术、数据采集技术、信息检索技术、数据挖掘技术、机器学习技术、仿真技术等。随着现代信息技术的迅速发展,其先进技术和理论在体育领域的应用也日新月异。

1.2.2 体育信息技术的发展历程

我国体育信息技术伴随着大型运动会的主办而逐步得到发展和应用。20 世纪 80 年代为起步和初步应用阶段;90 年代为综合应用阶段;新世纪为飞速发展和成熟阶段。1983 年,第五届全运会首次使用计算机记录成绩,标志着我国体育信息技术的初步应用。此后,1987 年第六届全运会使用计算机系统,实现了竞赛成绩的处理和发布;1990 年北京亚运会首次使用由自主研发的电子信息服务系统提供赛事组织与管理、指挥调度、成绩处理与发布、媒体宣传、会议接待等多方面的功能和服务。此后,该系统还在后续举行的国内大型运动会上成功

第 1 章 体育信息技术概述

应用,得到了进一步的成熟和完善。2008 年北京奥运会给体育信息技术应用带来极大的发展契机。我国体育系统信息化建设和信息技术应用得到更为广泛、深入的发展。体育信息技术分别在大型运动会信息系统建设、体育领域电子政务、运动训练辅助系统、体育教学与管理等方面得到深入应用。

1.2.3 体育信息技术的发展前景

体育信息技术的研究取得了长足发展,高科技手段正逐步应用于运动训练、体育教学和全民健身活动中,例如无线网络技术、传感技术和物联网技术等正逐步得到推广。从学术研究组织来看,国际体育信息和体育计算机学会是世界性的体育信息技术研究组织。在 2010 年的国际体育计算机学会上,上海体育学院成功申办了四年一度的国际体育计算机会议。会议还推选我国体育信息研究方面的专家为理事会成员。中国体育科学学会下设了体育信息分会和体育计算机分会,组织全国体育信息技术方面的科研人员定期开展体育信息技术应用的交流和研讨。

1.3 体育信息技术的研究领域

1.3.1 体育赛事组织与管理

自从 1983 年首次使用计算机记录成绩以来,信息技术已经逐步渗透到了体育赛事组织和管理的方方面面。例如比赛信息的发布、比赛日程的安排、比赛成绩的处理与发布、会务接待与安排等。

1.3.2 体育电子政务和办公

从国家体育总局到各省市体育局均建立了电子办公的平台,利用该平台进行信息的发布、项目管理等方面的工作。20 世纪 90 年来以来,依靠信息技术的普及,体育系统也大力推广无纸化办公,采用软件系统来进行文字处理、数据分析等电子自动化办公。

1.3.3 体育多媒体技术应用

多媒体技术是计算机和视频技术的结合,它依靠数字技术来展示信息、交流思想和情感,继承性、交互性和控制性是其最大的特点。体育多媒体应用包括动作生物力学解析、运动技战术分析等诸多方面。从 2003 年国家击剑队开始使用多媒体进行技战术分析以来,该项技术已经在乒乓球、羽毛球等 8 支国家队得到

推广和应用,并作为每次大赛备战业务学习的重要内容。

1.3.4 体育数据采集技术

传统意义上的数据采集技术是指利用传感器等设备采集仪器或者设备的工作状态进行分析和控制。体育领域的数据采集技术包括了两个方面:第一个方面,应用类似于数据采集的传统含义,其代表性的应用有利用红外等设备测量运动人体的生物力学参数,对其进行动作形态、姿势等方面的研究;利用脑电设备采集脑电信号,分析其在接受不同刺激时的心理反应;利用眼动仪采集人眼的视觉搜索数据,对其进行心理反应分析。第二个方面,是传统数据采集方法的拓展,即对于某些无法用仪器直接测量的数据通过人工进行采集。在2008年奥运会攻关服务中,我国科研人员开发了一整套基于人机交互的运动项目技战术采集软件,为有效分析不同项目运动员的技战术特点,有的放矢进行比赛起到了重要作用。

1.3.5 体育数据库和信息平台

建立大型的数据库来有效地存储和管理专业的数据,为相关人员提供数据服务是各个领域研究的重要课题。从体育领域的研究来看,数据库也是2013年研究的重点和热点。国民体质监测数据库已经建立完成,它已成为监控我国不同职业、不同年龄结构、不同环境,人民体质状况的重要依托来源。2005年以来,我国已经建立针对不同运动项目的信息化平台,旨在搜集和存储不同项目训练监控数据、比赛信息,为积累训练成功经验,推广训练和比赛先进模式奠定了基础。

1.3.6 体育信息资源检索技术

互联网的普及与应用,为每位体育工作者提供了巨大的数据仓库和信息来源,再加上传统的书籍、报刊等信息获取来源,我们可以获取海量的专业知识。如何有效地检索和利用这些数据和信息成了体育工作者的必修课。

1.3.7 体育数据挖掘技术

所谓数据挖掘技术是指从海量的数据中获取隐含在背后的信息,为科学决策提供参考。体育数据挖掘是指从大量的比赛或者训练数据中获取对训练和比赛有价值的信息。我国体育科研人员在该方面的研究处于探索阶段。人工神经网络、蚁群计算法、关联规则、系统动力学等正在初步运用到技术和战术的数据挖掘中。

1.3.8 体育仿真技术

所谓仿真是指利用模型复现实际系统中发生的本质过程,并通过对系统模型的实验来研究存在的或设计中的系统。体育系统仿真是一门实验技术科学,它是通过计算机模拟技术再现体育教师的教学经验、教练员的训练意图、管理者的组织方案和运动员的训练过程,从而达到对体育系统的解释、分析、预测、组织、评价的一种实验技术科学。系统仿真的研究热点有面向对象的仿真方法、定性仿真、分布交互仿真、可视化仿真、多媒体仿真、基于VR的仿真和智能化的仿真等。体育仿真的研究领域包括了电子游戏开发、数字运动场馆构建、虚拟赛场、人体三维运动仿真等。

第 2 章　体育数据采集

数据采集技术是指利用传感器等设备采集仪器或者设备的工作状态并利用统计分析和数据挖掘进行分析和利用,获取对现实生活具有指导意义的结论。体育领域的数据采集技术包含基于机器(传感芯片)和基于人工两种方法。基于机器的数据采集方法不仅用于运动训练,同时也在服务于全民健身领域。基于人工的数据采集主要用于无法用机器直接测量的定性数据采集。在运动实践中,这两种方法互为补充,相辅相成。

重点内容:

- 体育数据采集的类型;
- 体育数据采集软件的应用。

2.1 体育数据采集的类型

体育数据采集根据采集方式的不同,大致可以分为基于传感器的体育数据采集、基于人工的体育数据采集和基于人机交互的体育数据采集 3 类。

2.1.1 基于传感器的体育数据采集

基于传感器的体育数据采集特指通过加载在人体上的特种传感设备进行数据采集。常见的有心率表、足底传感器、眼动仪等。心率表通过测试人体的心率和脉搏等指标来分析运动量、运动负荷等参数,以此来对训练过程进行控制;足底传感器通过感应脚底不同位置的受力情况来分析人体的不同运动形式对足底的影响,以此来进行训练过程设计分析,并据此来设计不同类型的运动鞋;脑电仪通过装载在人体头部的电极传感分析人脑的活动和变化,达到对运动员心理状态进行及时评估和有效调控的目的;眼动仪利用红外探测仪和摄像头来测试和记录人体眼球变化的方向和位置来分析人体的注意点和注意力,已经有部分

第 2 章 体育数据采集

研究将其用于不同项目运动员心理方面的研究。基于传感器的体育数据采集方法已经逐步用于全民健身,美国耐克公司就开发了基于足底感知的运动鞋用于对人体的运动量进行记录并将结果随时反馈给客户,这样便于人们根据不同身体状况进行运动干预。美国 Garmin 公司开发了运动手表可以装配在自行车上,实现对运动轨迹的记录,计算位移、时间、速度等参数,指导大众进行运动控制(图 2-1)。

图 2-1　Garmin Forerunner 910XT 运动手表

2.1.2　基于人工的体育数据采集

基于人工的体育数据采集主要是指按照事先设计的指标,通过临场观察训练比赛、离线观察训练比赛录像等形式,对训练和比赛中的数据进行手工统计和分析。如乒乓球训练质量的监控就使用这种方式,通过事先设计的发球板数、得分次数等指标来计算发球成功率、接发球成功率、三段使用率等参数实现对训练质量的统计和分析。这种方法主要用于一些简单的指标统计,特点是数据采集的同时可以实现对整个训练过程或者比赛过程的全程观察,不仅可以获得手工统计到的数据,更重要的是可以获取对于整个过程的定性评价,发现那些通过统计数据无法获得的关键信息。这种手段也是专业运动队教练员和科研人员经常使用的一种数据采集方式。

2.1.3　基于人机交互的体育数据采集

基于人机交互的体育数据采集,是指人工观察结合机器输入的一种数据采集方式。该方式下数据采集的任务主要由计算机软件来完成。由于软件本身可以完成诸多规律性数据的自动采集,并且软件具有较高的集成性,因此使数据采集的效率大大增加。另外,由于该方式下,数据采集到的内容存储于后台数据库中,可以达到一次采集多次使用的目的。数据库可以存储海量数据的特性还便于实现数据的海量积累为后续进行数据挖掘和知识发现进行储备。运动训练和比赛领域已经有许多商业公司参与了人机数据采集软件的开发,如 Data Project 公司开发的 Data Volley 软件就实现了排球比赛中人机交互数据采集,在欧洲和亚洲的许多俱乐部都在使用该软件统计排球比赛数据,为教练员比赛提供决策支持(图 2-2)。

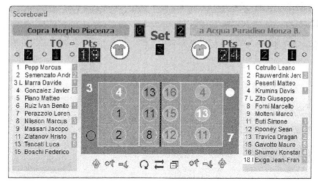

图 2-2　Data Volley 软件统计界面

大部分人机交互软件还实现了视频片段与技术参数的关联，方便基于目录进行不同特性视频片段的检索、合成与展示，为回溯训练和比赛场景，更加真实形象地进行数据分析提供了支撑。Simi Scout 是该类软件的典型代表（图 2-3）。

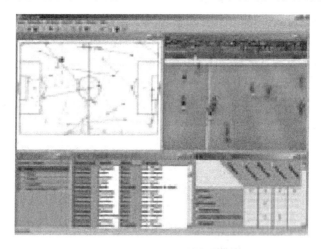

图 2-3　Simi Scout 软件界面

2.2 体育数据采集软件的应用

体育数据采集软件的种类比较多，如生物力学图像解析软件（Simi Motion）、生理生化指标采集与分析软件、脑电波数据采集与分析软件、运动技术与战术分析软件等。软件运行过程涉及信号的捕获、信号编辑与处理、表格图形结果输出等。每个软件背后都有相应的编码、解码标准。本部分主要分析运动技战术分析软件的应用方法。

2.2.1 乒乓球比赛数据采集软件

由隔网对抗项目课题组,自主研发的乒乓球数据采集软件可以为优秀运动员提供比赛技术、战术数据采集与分析服务。该软件可以每板为单位,按照比赛进程采集乒乓球比赛中的技术手段、战术势态、旋转、落点、击球效果等 22 项数据,采集软件还实现了比赛技术、战术数据和比赛视频的关联,为系统分析比赛技战术特征采集了最基本的数据。采集软件的采集素材为比赛数字视频,可以按照单打(七局四胜制)、团体单打(五局三胜制)、双打等不同规则来采集数据。采集软件把比赛的数字视频以回合为单位分别保存下来,剔除了比赛中回合之外的冗余视频,为高效地分析比赛提供了第一手资料。数据采集软件还提供了比赛视频的控制功能,可以 1/8、1/4 及 1/2 的慢速度观看比赛,为仔细研究比赛、分析旋转和落点等内容提供方便。也可以 2 倍的速度观看比赛,略过中间冗余环节,直接找到需要研究的部分。因此,本软件方便了教练员和运动员的使用,同时采集到的最基本的数据也为体育科研人员进行数据统计分析和数据挖掘提供便捷的接口。

2.2.2 羽毛球比赛数据采集软件

羽毛球比赛数据采集软件,也是由隔网对抗课题组开发的比赛技战术数据采集软件。该软件多次用于国家羽毛球队比赛备战和技术诊断保障,用于对主力队员和主要对手进行技战术分析。

2.2.3 击剑比赛数据采集软件

击剑比赛数据分析软件是一个数据采集软件包,由花剑、重剑和佩剑 3 个相对独立的数据包组成。指标体系根据不同剑种的特点分别进行指标设计,但用户接口是统一的,可以在同一界面进行运动员信息、比赛信息等统一信息的输入和设置,采集界面则独立设计,体现不同剑种的技战术特点。该软件充分考虑了击剑比赛节奏比较快、技战术采集数据复杂的特点,按照专家和教练员要求选取对于比赛最具有决定性作用的技战术指标作为采集对象。根据各剑种特点,分别将佩剑战术势态分为进攻、防守、反攻、对攻 4 种状态,花剑战术分为进攻、防守、反攻 3 种状态,重剑战术分为进攻、防守、抢攻、挑引 4 种状态对应得失分分别进行采集。

第 3 章　体育信息资源检索

当今是信息化社会，信息资源无处不在，这就对信息资源的存储、检索等技术提出了更高的要求，体育领域也是如此。系统地掌握体育信息资源检索技术可以为有效获取运动知识、开展体育科学研究等提供有效工具。本章首先介绍了信息检索的基本知识，如信息检索的概念、信息资源的类型等，然后研究了体育信息资源的种类及检索方法，并结合体育科学研究中常用的中文和外文数据库进行案例分析。

 重点内容：

- 信息检索的概念；
- 体育信息资源的种类；
- 体育信息资源的检索与运用；
- 常用数据库检索方法。

3.1 信息检索的原理

3.1.1 信息检索基础知识

信息检索是指从信息资源集合中找出所需信息的过程。

3.1.2 体育信息资源分类

体育信息资源分为传统体育文献资源与现代体育信息资源两大类。传统体育文献资源包括体育类书籍、体育类报刊和杂志等。现代体育信息资源包括综合搜索引擎、体育类网站、体育类数据库和体育电子期刊等（图 3-1）。体育信息资源检索除了要掌握信息资源的来源与内容外，还要学习关键字匹配方法，让学生和体育科研人员能够按照事先要求找到所需要的资源。

图 3-1 体育信息资源的分类

3.2 体育信息资源的检索与利用

3.2.1 体育信息资源的应用

被誉为新世纪高速公路的信息网络正在发挥着越来越重要的作用,而体育信息网络作为其中的重要部分,正逐步被人们所接受,并且在体育运动比赛、体育信息传播、体育信息检索、体育电子政务等方面不断发挥积极的作用。体育信息网络资源主要有:综合门户体育专题网站、大型赛事官方信息发布平台、专项体育网站(单项协会网站等)、体育多媒体网站、体育研究数据库等。

3.2.2 综合搜索引擎

3.2.2.1 常用中文搜索引擎

- 百度(网址:http://www.baidu.com)

百度是中国互联网用户最常用的搜索引擎,也是全球最大的中文搜索引擎、最大的中文网站,根据第三方权威数据,百度在中国的搜索份额超过80%。百度搜索引擎于2000年1月创立,2005年在美国纳斯达克上市,以网络搜索为主,涵盖新闻搜索、图片搜索、Mp3搜索、地图搜搜、搜索推广以及门户频道等,全面覆盖了中文网络世界所有的搜索需求。

- Google 谷歌(网址:http://www.google.com.hk)

谷歌创建于1998年,是互联网上最大的搜索引擎,搜索速度快,可以帮助用户在瞬间得到相关的搜索结果,谷歌搜索引擎支持35种语言浏览网页,谷歌搜索引擎除具有百度相关的功能外,还提供中英文翻译、中文与其他语言互译、学术资源搜索等。2011年6月,谷歌公司推出了Google+项目,旨在通过网络分享现实生活中的细微变化和多姿多彩,并且由于其中加入了人物及其关系与兴趣的内容,使Google的所有产品的用户体验均得到了改善。

- 搜狗(网址:http://www.sogou.com)

搜狗是全球首个第三代互动式中文搜索引擎,创建于2004年,是搜狐公司旗下搜索网站,主要专注研究中文互联网信息的深度挖掘,用于新闻、图片、音乐、地图领域提供垂直搜索服务。

· 必应（网址：http://bing.com.cn）

必应（bing音译），是微软公司根据市场需求于2009年6月开发上线的。主要功能有：页面搜索、图片搜索、资讯搜索、视频搜索、地图搜索以及排行榜等，不仅支持PC，还支持移动平台、Windows phone、iphone、ipad和安卓等系统应用，方便用户跨平台使用其搜索功能。

· 雅虎（网址：http://www.yahoo.cn）

Yahoo公司主打资讯、邮件和搜索业务，业务遍及24个国家和地区，为全球超过5亿的独立用户提供多元化的网络服务。2005年10月，中国雅虎由阿里巴巴集团全资收购。

· 搜搜（网址：http://www.soso.com）

由腾讯公司推出搜索引擎，是网络搜索领域的后起之秀，主要提供新闻、网页、图片、论坛、音乐、搜吧等搜索服务，其推出的街景搜索服务成为搜索引擎新的增长点，其主页服务分为常用搜索、社区搜索和无线搜索3个方面。

· 有道（网址：http://www.yodao.com）

网易为自主研发的搜索引擎，致力于为网络用户提供更好的中文搜索服务，提供的搜索服务有：网页搜索、图片搜索、视频搜索、购物搜索、网易返现、有道购物助手、有道词典、有道手机词典、有道翻译、饭饭、有道云笔记、工具栏、网址导航、有道阅读、有道热闻等。

其他搜索引擎

· 搜网（网址：http://so.sowang.com）

搜网全能搜，集成了百度、谷歌、雅虎、搜狗、搜搜、360等常用搜索引擎，同时获取多个搜索引擎的结果。

· 爱问（网址：http://iask.com）

知识人开放平台"爱问"搜索引擎产品由门户网站新浪自主研发完成，是一种互动式的问答平台，采用智慧互动搜索技术，汇聚网名智慧来帮助用户解决问题。

· 中搜（网址：http://www.zhongsou.com）

中搜于2002年推出的中文搜索引擎，其特色在于使用第三代搜索引擎和个性化微件技术，实现了人类知识与搜索技术的融合，该技术使互联网从传统的搜索引擎过渡到个人门户。

3.2.2.2 常用英文搜索引擎

Google——http://www.google.com

Yahoo——http://www.yahoo.com

Windows Live Search——http://search.live.com/

Lycos——http://www.lycos.com

Netscape Search——http://search.netscape.com

3.2.2.3 学术搜索引擎

• Google 学术搜索——http://scholar.google.com.hk

Google 学术搜索是谷歌公司推出的一项免费文献资源检索服务，2006 年推出中文学术文献搜索服务。其学术文献内容涵盖了工程与计算机科学、化学与材料科学、健康与医疗科学、人文文学与艺术、商业经济与管理、社会科学、生命科学与地球科学、物理与数学等学科。

• 读秀中文学术搜索——http://www.duxiu.com

读秀是由海量文献组成的超大型数据库。读秀中文学术搜索为用户提供图书、期刊、报纸、学位论文、会议论文、文档、电子书、专利标准、网页新闻、博客论坛等，深入到图书章节和内容的全文检索（图 3-2）。

图 3-2　读秀中文搜索引擎

3.2.3 官方体育信息资源

3.2.3.1 国家体育总局及各省市体育局网站

国家体育总局官方网站（http://www.sport.gov.cn），主要有总局政务、体育发展、全民健身、竞技体育、体育产业和政策法规等内容。主要承担国家的体育政策法规宣传、体育系统电子政务及各机关体育局的网站链接。是教练员、运动员、群众了解国家体育政策方针的重要门户（图 3-3）。

省市体育局网站负责各省市体育系统电子政务，负责宣传国家以及地方的体育政策方针，报道体育发展动态，为群众参与体育运动提供政策和技术指导（图 3-4）。目前发达省市的体育网站相对成熟，发挥的宣传作用也较大。

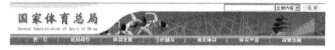

图 3-3　国家体育总局网站

图 3-4　江苏省体育局网站

3.2.3.2　大型赛事官方网站

• 北京奥运会官方网站（http://www.beijing2008.cn）

网站承担了宣传奥林匹克文化、奥运会新闻发布、观众服务、赛事组织与安排等方面的功能。网站栏目包括新闻、赛程赛果、奖牌榜、参赛选手、比赛项目、奥运场馆、观众服务、媒体运行、票务和志愿者等内容。网站提供了汉语、英语、法语、西班牙语和阿拉伯语等方式，为全世界的奥运参与者提供交流平台（图 3-5）。在宣传奥运文化方面的内容非常详尽充实，从奥运的发展历史、奥运的会徽会旗、奥运文化节、奥运开闭幕式、奥运主题歌曲等方面予以展开。在奥运门票栏目中，可以了解到观众最常见的票务问题，还可以直接链接登录到第 29 届奥林匹克运动会票务网站查询更多票务信息，安排观赛日程。

• 广州亚运会官方网站（http://www.gz2010.cn/）

第 16 届亚运会官方网站由网易公司负责运营维护，该网站主要负责亚运会媒体新闻发布、赛程赛果公布、票务和运动会政务等。网站由简体中文、繁体中文和英文 3 种官方语言，为亚洲各个国家的运动员、教练员、与会其他人员提供信息服务。住宿、交通、美食、旅游、购物、宗教场所等相关信息均可在该网站查找。其中，亚运百科栏目从比赛项目、亚运会历史、亚洲风情等方面全面展示亚运会文化、各国风土人情。该网站的作用已经远不止是一个运动会的网站，而且是一个传播地区文化、推进地区交流和发展的公共平台（图 3-6）。亚运名人堂是该网站的特色项目，介绍了在亚运会历史上取得优异成绩和做出突出贡献的个人，对每个人的个人资料、技术特点、发展历程和身上体现出的可贵精神做出了

第 3 章 体育信息资源检索

图 3-5　第 29 届奥运会官方网站

概括。该栏目成为亚运会精神财富传播的载体，为普通人民大众汲取精神营养，激发积极向上、团结拼搏、奋勇向前、不惧困难的精神提供了生动的教材。对于人们关注的赛程和赛果问题，网站建立了详尽的数据库。可以按照比赛的时间、比赛的项目、比赛地点、比赛的运动员名字等方式查询相关的比赛安排和比赛结果。该网站还提供了公众参与运动会的接口，亚运讲坛邀请了邓亚萍、雷震霆等众多亚运名人就体育与文化的关系、广州亚运会的启示与展望等诸方面为亚运把脉，编辑了 30 余期的亚运知多少专题，从细微之处让大众了解亚运会的知识。传媒论坛邀请传媒界的专家学者从广州亚运会背景下的传媒竞合、体育盛会与传媒的体育营销、抓住国际盛会机遇迎接体育传播巅峰、广州亚运会的海外传播、奥运、亚运与传统媒体的发展机遇、良性互动与舆论环境的优化等方面就亚运与传媒的关系进行了讲座，从学术层面来全面阐述广州亚运会的媒体传播价值。

图 3-6　第 16 届亚运会官方网站

3.2.3.3 单项协会官方网站

• 国际单项协会官方网站

国际单项协会官方网站负责是单项运动联合协会的权威信息发布机构,是项目专业教练员和运动员、单项爱好者、单项参与者了解该单项信息的重要平台。其内容一般包括单项知识介绍、单项新闻发布、单项年度赛事安排、运动成绩发布、运动员国际排名等信息。图3-7是各个国际单项联合会的徽标,通过奥运会官方网站可以得到所有国际单项协会的链接(http://www.beijing2008.cn/spirit/movement/if/)。

图 3-7　国际单项协会

• 国内单项协会官方网站

国内单项协会负责中国各单项协会信息发布、电子政务等。华奥星空是国内各单项协会网站的官方运营机构,于 2003 年由中国奥委会、中华全国体育总会共同成立,负责中国奥委会官方网站、中国体育代表团官方网站、全部运动协会官方网站,以及刘翔等众多体育明星个人网站的建设(图 3-8)。

图 3-8　华奥星空网站

3.2.4 媒体类专业体育网络信息资源

媒体类专业体育网络资源主要是指体育类网站,大致可以分为综合类、单项类、视频类等。综合类网站的信息量较大,可以第一时间了解各大赛事的相关信息,单项类内容集中,可以对该项目的运动员相关信息进行了解。视频类网站可以便捷地访问比赛的精彩画面,其中提供的数据信息可以细腻地分析运动员的技术水平,是留住美好画面的重要途径。

3.2.4.1 综合类

综合类主要是指大型综合门户类网站的体育部分。由于该类网站靠市场化来运营,所以其信息的覆盖范围比较大,各大国际国内的赛事均有涉及,其更新速度快,内容也较为翔实,可以从赛事和运动员的不同侧面来了解项目信息。由于综合类网站依托于大型门户网站,所以其新技术和新理念的运用均较快。博客、微博等 web2.0 技术已经得到了广泛使用,其信息与百姓更加贴近,人们与明星的沟通更加便捷。

• 搜狐体育(http://sports.sohu.com/)

搜狐体育由门户网站搜狐运营和维护,其报道项目基本遍及所有的奥运项目和部分的非奥项目(图 3-9)。大致分为篮球、足球和综合 3 种类型,综合体育中包括了乒乓球、羽毛球、网球、击剑等项目的相关新闻报道、赛程赛况,还包括了体育视频和互动的内容。网站将一定时期内的热点话题进行归类,并以专题的形式进行了链接,首页的新闻基本荟萃了某个时段最精彩的内容,为广大体育爱好者第一时间了解体育天下事提供了接口。

图 3-9 搜狐体育网站

- 网易体育（http://sports.163.com/）

网易体育是门户网站网易的重要部分，其内容包括了各个运动项目的相关新闻、视频和数据（图 3-10）。分类方法与搜狐有所不同，主要突出的是大型赛事（如广州亚运会）、热点比赛的数据和分析等。另外，还提供了电视直播表和体育赛程表便于网民第一时间把握比赛的动向。

图 3-10 网易体育网站

- QQ 体育

QQ 体育由腾讯公司运营，鉴于腾讯公司在即时通讯等方面的优势，其网站突出了与用户的交互性，互动直播是其最大特色（图 3-11）。

第3章 体育信息资源检索

图 3-11　QQ 体育网站

3.2.4.2 单项类

单项网站突出项目的特点和专项特征,因此在数据分析和专家评论方面是单项网站的特色。然而,由于不同项目市场化程度的差异,单项网站的栏目分布也有所差别。热门类项目的报道辐射范围大,涉及球队和运动员的方方面面,而对于部分冷门网站的报道则较少,甚至没有专门的网络链接。

• NBA 官方网站(http://china.nba.com/index.html？gr＝www)

NBA 官网的信息主要以当天的比赛排次序,依次给出每场比赛的队伍信息、队员信息。对每位选手在各场次中的比赛进行权威数据分析和点评,根据球队实力和队员表现给出的球队战斗力和 MVP 排行榜是其王牌内容。其网站界面突出关键场次数据和大幅的比赛精彩画面,网民可以非常方便地了解自己感兴趣的话题(图 3-12)。

• CBA 官方网站(http://www.cba.gov.cn/)

CBA 官方网站是中国篮球协会官方网站,除实时提供比赛信息和数据外,网站还负责篮协相关信息的发布,承担部分电子政务功能。由于是协会的官方网站,其界面突出了官方信息的发布。在界面的右侧对 CBA、WCBA 的比分进行了直播,对联赛球队进行了排名(图 3-13)。

• 乒超联赛网站(http://cttsl.sports.cn/)

乒超联赛网站是中国乒乓球俱乐部超级联赛的权威信息发布网站。网站的信息非常专业,从赛程/成绩、积分排名、数据统计、球队球员、竞赛规程等方面进行分类。网站根据比赛获胜率对所有参加乒超联赛的运动员进行了单打、双打、团体的排名。该网站也是大赛组委会的电子政务平台(图 3-14)。

体育信息技术

图 3-12　NBA 官方网站

图 3-13　CBA 官方网站

图 3-14　乒超联赛网站

3.2.4.3 视频类

• CSPN(http://www.cspn.cn/)

CSPN,即中国电视体育联播平台,联合众多省级体育频道同步播出的、跨省区域的联播平台,以"联合引进、联合制作、联合播出"模式,由相关电视台与神州天地影视传媒有限公司共同发起,于2008年1月正式开播(图3-15)。

图 3-15　CSPN

• CNTV 体育(http://sports.cntv.cn/)

CNTV 体育的官方运营为中央电视台,依托央视强大的视频数据来源,中国网络电视台体育台的项目类型几乎涉及所有的运动项目,内容也囊括了比赛现场视频、中央电视台五套节目的王牌节目内容(图3-16)。

图 3-16　CNTV

3.3 体育数据库及其检索方法

广义的体育数据库是指各种可以支撑体育科学研究的数据库,包括各种大型的网络数据库及专业研究数据库。狭义地讲,体育数据库是指可以提供体育文献检索的数据来源,包括网络数据库和光盘数据库等类型。体育数据库的建立为体育从业人员、科研人员、教学人员节省研究时间,为高起点进行科学研究提供了可贵的数据保障。

常用的体育数据库可以分为文本和多媒体类型。文本类型:主要是以文字形式存在的文献类型,包括电子化的报纸期刊刊载文章、课题研究报告、学位论文、政府公益数据库等;多媒体类型:主要包括各种比赛和训练的视频、体育图片库、体育音频库、多媒体技术分析与讲座等。

本节分别从常用数据库、体育专业数据库、体育特色数据库3个方面介绍其主要构成及检索方法。常用数据库包括了中文和外文两种类型,具体介绍中国期刊网、维普科技期刊网、万方数据资源、超星数字图书馆、Ebsco数据库、EI检索库、ISTP检索库、SCI检索库等;体育专业数据库包括中国体育资讯网、China sport数据库;特色数据库主要介绍自主研发的体育类数据库,包括体育信息网络平台数据库、体育视频检索数据库、各国际和国内单项协会官方数据库等。

数据库检索包括简单检索、基本检索、高级检索等类型,检索过程实际上就是不断限制检索条件、缩小检索的目标范围,直至获得检索结果的过程。一般可以按照主题词、标题名称、关键字、作者、作者单位、发表期刊等内容进行检索,随着全文检索技术的不断成熟,数据库检索的方法越来越趋于人性化,大型的数据库基本都实现了模糊检索,即输入任一熟悉的关键字,系统可以自动分析,关联结果。数据库的检索结果分为文献基本信息和全文两种,文献的基本信息包括了文章的标题、作者、关键字和摘要等信息。全文除包括上述信息外,还加入了文章的正文和文献等部分。全文一般包括在线直接浏览方式和下载到本地浏览方式,以文件形式下载到本地的格式有PDF、CAJ、NH等,其中PDF是最为常用的格式。因此,在检索到以PDF为后缀的文件时,本地需安装相应的PDF阅读软件才可以进行阅读,常用的PDF格式阅读软件有adobe acrobat reader、foxit pdf reader等,CAJ格式可以用CAJViewer软件,其他格式可以根据实际需要安装相应的阅读软件。

3.4 常用数据库检索

数字资源目前主要包括电子文档数据库、电子期刊、图书、FTP 电子资源下载、视频点播、试用数据库等。下面主要分析维普中文科技期刊数据库、万方数字化期刊、超星数字图书系统，中国期刊网数据库、中国优秀硕士和博士论文全文数据库、chinasport 数据库、ebsco 外文数据库、体育资讯网、cssci 社科引文数据库等数据库的功能和应用。本节内容参考了相关数据库的网络帮助和说明资源。

3.4.1 中文数据库

这里的中文数据库特指可以检索到中文体育专业文献的数据库。

3.4.1.1 中国知网

(1) 中国知网概述：中国知网数据库收录了自然科学、工程技术、农业、哲学、医学、人文社会科学等各个领域的国内期刊 8200 多种，是目前世界上最大的连续动态更新的中国期刊全文数据库。

(2) 中国知网检索步骤：登录──→选库──→检索──→概览──→细览──→全文下载。

(3) 中国知网各级页面：主要包括首页、检索页、检索结果页、知网节、页面图标和符号说明。首页分为单库检索首页和跨库检索首页，检索页分为单库检索页和跨库检索页，检索结果页包括单库检索结果概览页，跨库检索结果概览页，检索结果页内容列表(图 3-17)。

图 3-17 单库检索首页

体育信息技术

系统默认登录的是检索首页是单库检索首页，在单库检索首页中分别进行登录资源库、选择数据库、数据检索、单库、跨库切换等功能。跨库检索首页如图 3-18 所示，系统默认选取了"中国期刊全文数据库"、"中国优秀硕士学位论文全文数据库"、"中国博士学位论文全文数据库"。

图 3-18　跨库检索首页

检索页是主要提供检索控制的功能，可以进行初级检索、高级检索、专业检索等功能的切换，还可以选择检索项。中国期刊网的检索页分为两种，分别是单库检索页和跨库检索页（图 3-19）。

图 3-19　单库检索页

第 3 章 体育信息资源检索

在检索首页上点击"跨库检索首页"可以进入跨库检索页,图 3-20 所示为跨库检索的首页,在检索词文本框中输入检索词,点击跨库检索按钮可以进行文献的检索。在检索页面中可以选择检索项、文献的时间跨度及精确和模糊匹配等。由于跨库检索默认有以下 4 个数据库,因而检索结果的来源有期刊、硕士和博士学位论文以及报纸等。检索结果分为 PDF 和 CAJ 两种格式。

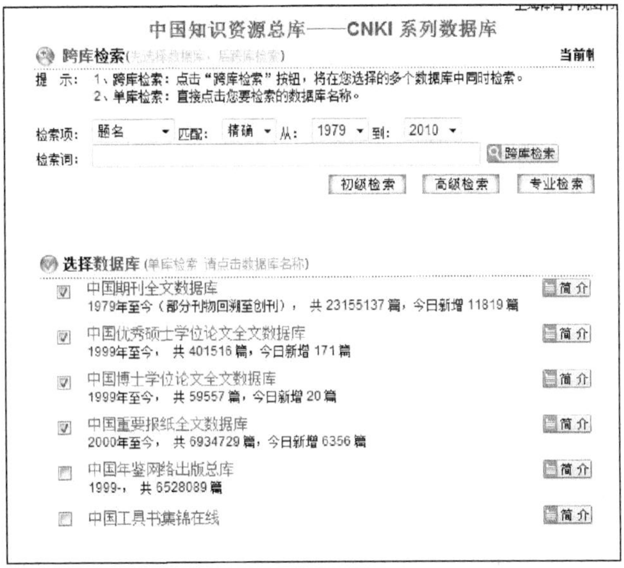

图 3-20　跨库检索页

检索结果页是在数据库系统根据检索条件进行匹配后得到的结果,显示文献的简单内容。图 3-21 是选择中国博士学位论文全文数据库,并以"机器学习"作为主题词检索到的结果,还包括论文的题名、作者姓名、论文来源、年份等信息,点击相应的中文提名可以进入结果浏览页。

图 3-22 所示为进行跨库检索,并以"乒乓球"作为主题词得到的检索结果页面,点击 4 个复选框后面的相应数据库名可以切换到相应库的全部检索结果。

图 3-23 所示为点击"中国重要报纸全文数据库"后的结果。

知网节是指提供单篇文献的详细信息和扩展信息浏览的页面。在知网节中不仅包括该篇文献的详细信息,还包括了相似文献、相关研究单位、相关文献作者等各种扩展信息,点击相应的连接可以直接进入相关的知识页面,图 3-24 所示为文献"乒乓球早期专项化训练若干问题研究"的知网节。

相关文献链接包括:参考文献、引证文献、共引文献、读者推荐文章、相似文献、相关研究机构、相关文献作者、文献分类导航、相关期刊等(图 3-25)。

图 3-21 单库检索结果页

图 3-22 跨库检索结果页

参考文献是作者在撰写文章时引用或者参考的文献,其数量随着系统容量的不断扩大而增加。引证文献是指引用或参考文献的文献;共引文献是与文献主体共同引用了某一篇或某几篇文献的一组文献;相似文献是根据数据挖掘算法得到的在内容上与源文献最接近的部分文献(图 3-26)。

知网节上众多的链接点可以方便用于对相关的研究单位、研究人员、研究主

第3章 体育信息资源检索

图3-23 部分检索结果页

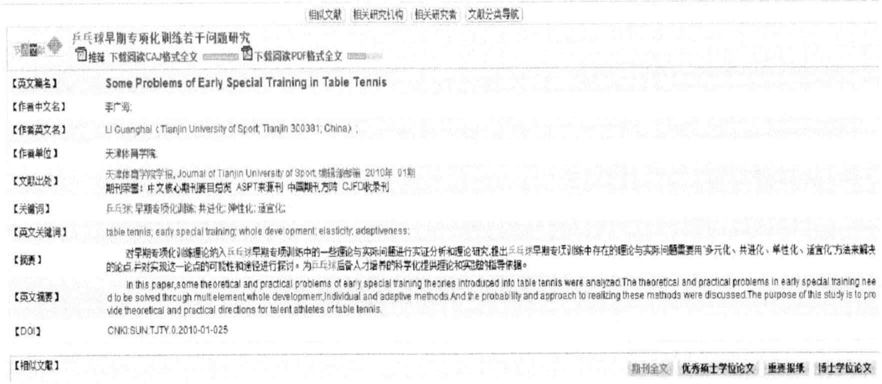

图3-24 知网节

题等进行关联,快速地获取关联度最高的文献,图3-27所示为点击相关研究单位"华东师范大学"得到的链接,并通过数据的选择,从而获得检索结果。

选择华东师范大学并选择"优秀博士学位论文数据库"得到的结果如图3-28,也可以选择期刊库、报纸库等进行检索。

3.4.1.2 维普科技期刊

维普资讯出品的资源覆盖了社会科学、自然科学、工程技术、农业科学、医药卫生、经济管理、教育科学、图书情报等领域,是国内最大的文摘和引文索引数据

图 3-25 相关文献链接

图 3-26 相似文献

图 3-27 知网节相关研究单位

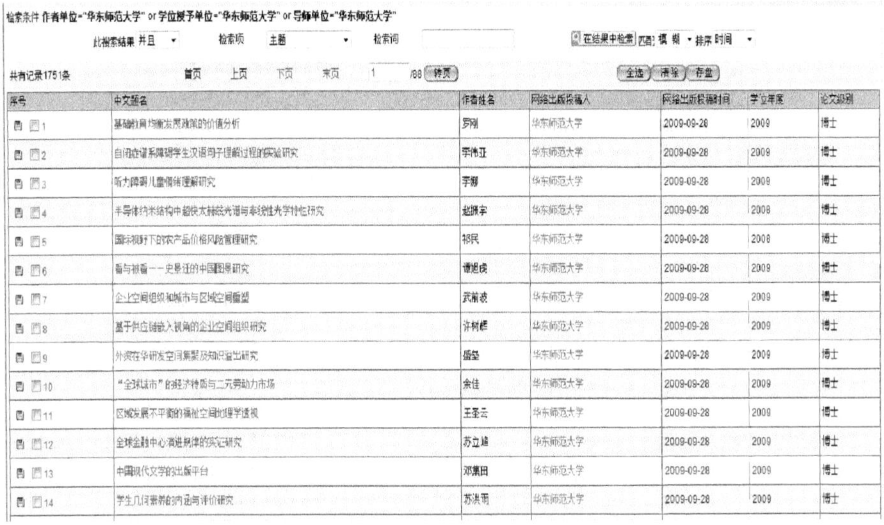

第3章 体育信息资源检索

图 3-28 相关单位博士论文库结果

库,其可分为全文版、文摘版、引文版 3 个版本,收录期刊 12000 余种,于 2000 年建立,2005 年成为谷歌学术网站中文内容提供商。

维普科技期刊的使用也分为登录、检索、概览、下载全文 4 个步骤,快速检索页面如图 3-29 所示。

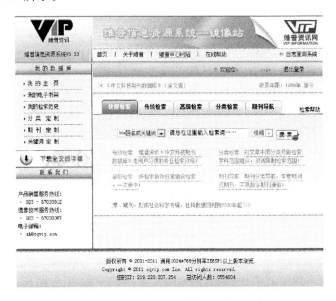

图 3-29 维普检索界面

图 3-30 所示为主题词"羽毛球"的检索结果。

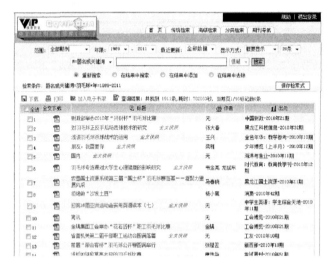

图 3-30　维普检索结果

3.4.1.3 万方数据资源系统

万方数据资源系统的检索步骤和方法与以上两个数据库基本相似,不再赘述。详细使用方法可以参阅万方数据网站"新手上路"链接（http://www.wanfangdata.com.cn/NewGuide.aspx?helpitem=newguide）。

3.4.1.4 超星数字图书馆

超星数字图书馆成立于 1993 年,是我国数字图书馆示范工程项目,于 2000 年在互联网上正式开通,目前拥有数字图书 80 多万种。图书类型涉及哲学、宗教、社科总论、经典理论、民族学、经济学、自然科学总论、计算机等各个学科门类。

使用超星数字图书馆的步骤为注册、登录、检索、下载、阅读等。新版的超星图书馆提供了在线阅读和离线下载阅读两种方式,读者可以根据自己的需要选择其中一个方式。图 3-31 所示为上海体育学院包库站首页,个人用户使用时需要首先进行网站注册购买阅读版权,包库用户只需通过相关链接直接进入即可。

登录后可通过图 3-32 进行简单检索或高级检索,其中简单检索提供了 3 个关键字,即书名、作者、全文。

例如,在检索窗口中输入"运动训练学"并选择按照书名进行检索,检索结果如图 3-33 所示。结果中提供了 3 种链接方式,直接点击书名链接进入的为在线阅读方式,点击"阅读器阅读"进入的为阅览器阅读方式,以上两种方式均为在线阅读方式,如需要离线阅读,还需点击"下载"链接将该书下载到本地机器上,在线阅读窗口如图 3-34 所示,可以切换至阅读器或者下载到本地。

第 3 章 体育信息资源检索

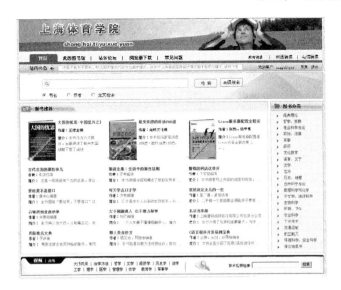

图 3-31 超星图书馆上体包库首页

图 3-32 超星图书馆检索窗口

图 3-33 超星检索结果

超星阅读器主界面如图 3-35 所示,包括主菜单、资源列表窗口、阅读窗口、页面窗口、下载窗口、采集窗口。主菜单包括阅览器所有功能命令,"设置"菜单是给用户提供相关功能的设置选项。功能选项包括"资源"、"历史","资源"选项卡为资源列表,提供给用户数字图书及互联网资源,具体使用查看"资源管理","历史"显示历史记录,用户通过阅览器访问资源的历史记录。具体使用查

031

图 3-34 超星在线阅读

看"历史",工具栏为快捷功能按钮。上图为阅读窗口,窗口左侧为书的目录,点击相应目录可以到达相应章节,右上侧的上下箭头为上、下翻页按钮(pagedown 和 pageup 按钮也可实现该功能),手形工具为书页移动钮,T 按钮可以选取书中的文在段落并复制到剪贴板,下册的缩放列表框可以选择页面显示的大小。

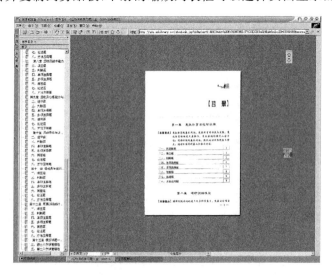

图 3-35 超星阅读器主界面

第 3 章　体育信息资源检索

图 3-36 为超星阅读器资源窗口,其用于打开下载到本地的图书资源,左侧的文件夹为下载资源时用户所做的分类项。

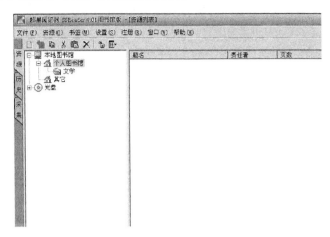

图 3-36　超星阅读器资源窗口

3.4.2 外文数据库

3.4.2.1 EBSCO 数据库系统

EBSCO 是一家总部设在美国,具有 65 年历史的国际著名的大型文献服务专业公司,拥有 >300 个全文数据库,主要全文数据库有:综合学科学术参考类全文数据库、商管财经类全文数据库、medline 全文期刊数据库、体育运动全文数据库、人文学全文数据库、图书信息与技术全文数据库等。

SPORT Discus with Full Text 数据库是收录体育领域论文的数据库,是 EBSCO 文献数据库的一个子库。它提供了基本检索、高级检索、视觉检索等方式。当对检索的信息不明确时,可以通过简单检索(模糊方式)来进行查询,系统自动与数据库的各个字段进行比较分析,得出检索的结果。SPORT Discus 检索的结果可以提供在线概览,包括作者、来源、关键字、摘要及文章中部分图例。文章的详细内容可以通过 HTML 或者下载 PDF 文档的格式进行阅读(图 3-37)。

图 3-37　SPORT Discus with Full Text 检索窗口

3.4.2.2 ISI 检索

ISI Web of Science(科学引文索引)是研究信息领域内最全面综合的多学科文献资料数据库,主要收录了自然科学、工程技术、生物医学、社会科学、艺术与人文等各个研究领域最具影响力核心学术期刊的论文资源。

SCI(Science Index Citation)、EI(Engineering Index)、ISTP(Index to Scientific and Technology Proceedings)、ISR(Index to Scientific Reviews)是 ISI 的 4 个重要组成部分,其中 SCI、EI、ISTP 被称为"三大检索",是国际公认的进行科学统计与科学评价的主要检索工具。

SCI 于 1961 年创建,收录生理、工、农、医等方面的学术期刊。

EI 于 1884 年创建,收录了工程累期刊论文、会议论文和报告文献等。

ISTP 于 1978 年创建,收录每年全世界所召开的科技会议的会议论文。

3.4.2.3 PQDD 硕、博士论文

PQDD 全文数据库是全国高校图书馆联合采购硕士和博士论文而建立的一个数据库(图 3-38)。其中 PQDT 学位全文库是国内唯一能够提供国外高质量学位论文全文的数据库,收录了来自欧美等国家的优秀硕博士论文,涉及文、理、工、农、医等多个领域。该数据库有完全版和分册版两种版本,即 A 辑和 B 辑。A 辑主要收录了人文社科方面的硕博士论文;B 辑主要收录了科学与工程方面的硕博士论文。数据库可以按照题名、作者、导师、摘要、所在学校、所在学科、语种和年代等不同关键字段进行检索。

图 3-38　ProQuest 学位论文检索窗口

3.5 体育专业数据库

3.5.1 中国体育资讯网

中国体育资讯网由国家体育总局体育信息中心建立和维护。内容包括北京奥运会信息、竞技体育信息、体育产业信息、中外群众体育信息、反兴奋剂动态、体操信息等。重要的数据库有：竞技体育成绩数据库、群众体育信息数据库、运动训练信息数据库、国外体育管理信息数据库、体育政策法规信息数据库、体育产业数据库等。网址是 http://www.sportinfo.net.cn/aboutus.asp。

3.5.2 China Sport 数据库

中国体育报刊数据库，由国家体育总局信息中心开发和维护，以题录的形式收录国内各大类体育报纸和新闻内容。

3.5.3 单项协会官方数据库

各单项协会官方网站大都提供了运动员信息库、运动员成绩库、赛事库等，在进行相关单项研究时可以有针对性地进行检索和使用。

3.6 体育特色数据库

体育特色数据库是指以某项研究为特色方向的研究机构所开发的体育数据库。如以体育视频为特色的数据库（上海体育学院图书馆自建的视频数据库，内容包括民族传统体育和运动科学两部分，收录了拳术、器械武术、武术气功、康复理疗的视频上百种），国民体质研究数据库、选材数据库等（图3-39）。

部分数据库以体育领域某个领域的研究为特色，如课题组开发的比赛运动技战术数据库，涵盖了乒乓球、羽毛球、网球、排球、击剑、拳击、跆拳道等对抗性项目。数据库以人工数据采集的方式将每场比赛的技术和战术指标以项目回合为单位进行统计并录入数据库。该数据的特色在于实现了技战术指标与视频片段的关联，在检索到技术统计数据的同时，也提供了视频预览和导出功能，数据与多媒体的结合，数据库的构建不仅为形象直观地进行运动项目技战术诊断与分析提供了搭建了良好的平台，而且为教学和科学研究提供了数据来源。

体育信息技术

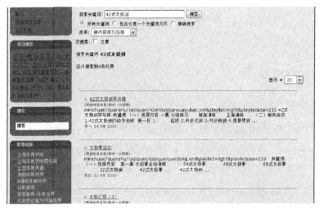

图 3-39　上海体育学院体育视频数据库

第 4 章　体育数据分析与特征提取

体育数据分析是运用数理统计的方法获取信息的技术,主要分为定性和定量两种方法。定性方法是指通过录像观察结合有限的数据信息通过专家的综合评估和判断获取信息,定量方法是指通过数据统计、对比分析、类比推理等方式获取信息。两种方法互为补充,是目前在体育领域中经常用到的两种数据分析手段。本章以乒乓球比赛分析为例,论述了数据分析方法的演进过程、采用技战术软件分析数据获取信息的方法,并在此基础上论述了Excel软件的初步应用。

重点内容:

- 体育数据分析方法的演进;
- 体育数据分析软件的应用;
- Excel数据统计软件的应用。

4.1 体育数据分析方法的演进

体育数据分析大致经历了由定性到定量再到定量定性相结合的发展过程。定性分析主要通过现场观察、录像观察等方法进行数据分析;定量分析通过统计现场和离线的数据简单分析后得到得分率和使用率等结果为比赛决策服务。定向分析的缺点在于得到的分析结果比较模糊,往往存在于教练员和运动员的头脑中,只有有经验的教练员得出的定性分析结果才具有说服力。定量分析的结果较为精确,但由于数据分析的侧重点不同,只能得到某方面的分析结果,很难确定数据之间的复杂联系,也很难形成对于比赛的整体性认识。由于上述两种分析方法的确定,科研人员和教练员往往将上述两种分析方法结合起来,从而形成了两者相结合的数据分析方法。当然,比赛数据分析的未来逐步会将人的主观因素从数据分析中剥离出来,依靠机器采集、机器统计分析来获得对于运动数据的认识。

4.2 体育数据分析软件的应用

体育数据分析的软件主要有 3 种类型。其一,是直接运用通用的数据统计分析软件,如 SPSS、SAS、EXCEL 等;其二,是专门为体育领域开发的数据分析软件,如 Dart Fish、Simi Scout、Soccer、Data Volley、Focus X2 Performance Analysis 等;其三,是由科研机构或者团队自行开发的数据分析软件。

4.3 Excel 软件及其在体育领域中的应用

Excel 是微软公司 Office 系列中的一款专门用于数据统计与分析的软件,其版本经历了 Excel97、Excel98、Excel2000、Excel2003 等版本,目前的最新版本是 Excel2010,与以往版本相比,Excel2007 更加体现了 Office 软件"所见即所得"的特点,设置了面向结果的用户界面、增加了快速设置数据格式、条件格式等功能。

4.3.1 Excel 软件基本功能

4.3.1.1 文件操作

(1)软件打开与关闭:在开始菜单-程序子菜单下找到标志,点击打开 Excel 软件,在桌面找到快捷方式双击也可以打开 Excel 软件。Excel 软件的关闭可以在软件主界面的按钮下选择"关闭"或者直接点击软件的关闭按钮进行关闭。

(2)新建 Excel 工作簿:如果 Excel 软件已经处于打开状态,可以选择 Office 按钮下的"新建"子菜单打开新建工作簿对话框。在新建工作簿对话框中,可以直接建立空白工作簿,或者通过 Excel2007 提供的自动模板来建立工作簿,模板分为已经安装在本地的模板和 Office 在线模板两种。另一种新建 Excel 工作簿的方法是在桌面空白处右击弹出快捷菜单,选择"新建""Microsoft Office Excel 工作表",然后双击打开该文档即可(图 4-1)。

(3)Excel 工作簿保存:单击快速工具栏的按钮,选择 Office 下的"保存"按钮,使用快捷键 Ctrl + S 这 3 种方式均可以保存当前 Excel 工作簿。另存为的作用主要在于保存当前 Excel 工作簿的副本,或者将当前 Excel 工作簿保存为相应的格式。为了提供 Excel 工作簿的兼容性,即演示文稿可以在不同的软件平台下打开,Excel2007 提供了以下几种格式支持:Excel 工作簿、Excel97-2003 工作簿、Open document 电子表格、Excel 二进制工作簿、PDF 或 XPS 文件格式等。Excel 工作簿高版本均可以兼容低版本,但低版本的不支持兼容高版

第4章 体育数据分析与特征提取

本格式,如 Excel 2007 保存文档的默认后缀名为.xlsx,在低版本的 Excel 软件下无法打开,所以在保存时一定注意保存的格式。

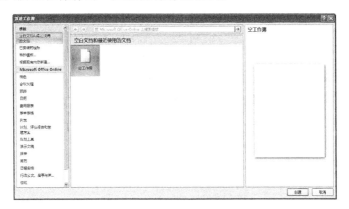

图 4-1 新建工作簿对话框

4.3.1.2 Excel 2007 用户界面

Excel 2007 的用户界面由 Office 按钮、快速工具栏、菜单栏、标题栏、功能面板、编辑区和状态栏组成,如下图所示。在编辑区光标闪烁的位置为当前编辑位置,可以在此处输入文本。功能区是在点击相应的菜单项后弹出的功能面板,图中所示为"开始"菜单的功能面板(图 4-2)。

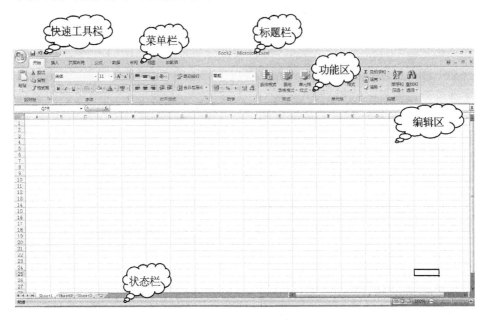

图 4-2 Excel 2007 用户界面

039

Office 按钮下拉菜单为文件的功能,执行新建文件、保存文件、关闭软件等操作,快速工具栏用于定义使用频率高的软件操作,默认的快速工具为文件保

图 4-3　快速工具栏

存、撤销与恢复按钮,可以根据实际使用情况进行重新定义,其位置可以放置在两功能区下方或者功能区下方(图 4-3)。

菜单栏提供所有的 Excel 功能操作,开始菜单执行常用的文字格式、段落格式、绘图和幻灯片编辑功能,还可以进行文稿中文字的查找和替换选择功能(图 4-4)。

图 4-4　开始菜单功能面板

4.3.1.3　Excel 2007 基本操作

(1) 输入数据:新建一个 Excel 工作簿后系统会自动生成"sheet1"、"sheet2"、"sheet3"3 张工作表,且编辑点自动定位于表 sheet1 的 A1 位置,编辑框如图 4-5 所示,为黑色的矩形框,右下侧有黑色的小方块为自动填充柄(图 4-5)。点击单元格,输入数字或者文本,然后按 Tab 键或者 Enter 键,默认的操作是按 Tab 键会向右移动一个单元格,按 Enter 键会向下移动单元格,若要在该单元格中另起一行输入数据,可以在该行的末尾按 Alt＋Enter 键,光标会自动下移一行,输入新的文本或者数字即可。需要指出的是,当单元格中输入的文本或者数字超出单元格的列宽时,单元格中的内容可能会以######的形式显示,增加单元格的列宽可以显示其内容。使用插入菜单下的符号对话框可以输入键盘上没有的符号。

图 4-5　工作表编辑框

Excel2007 可以自动输入列中已经输入的重复项目,即若输入单元格的前几个字符与同列中已输过内容的前几个字符相同时,系统会自动显示该字符串的全部内容,若输入的字符串为相同字符串时,直接按回车键系统会自动录入剩余的字符,若后续字符串与系统提示不同时,继续输入余下的字符,若输入的字

符与系统提示不同时按退格键删除输入的内容即可（图4-6）。

当需要在表格中输入相同的字符或者数字序列时可以使用Excel2007提供的填充柄，即位于当前选中单元格下侧的黑色小方块。如果需要输入相同的字符时，选择需要填充区域的第一个单元格，键入需要输入的字符，将光标指向填

图4-6 自动输入重复字符

充柄，按住鼠标左键向下或者向右拖动至目标位置释放鼠标左键，这时拖动区域会自动输入与第一个相同的字符。当需要输入有规律的数字序列时，首先将光

图4-7 自动填充数字序列

标定位于第一个单元格输入初始数字，然后将光标定位于下一个单元格，输入第二个数字，建立数字序列关系，选中第一和第二个单元格，拖动填充柄至目标位置，释放鼠标左键，这样就完成了有数字规律的数字填充，当需要以升序方式填充数据时，从左至右或者从上到下拖动填充柄，当需要以降序方式填充数据时，从右到左或者从下到上拖动填充柄（图4-7）。Excel2007还可以将公式输入相邻的单元格中。

（2）编辑单元格内容：可以直接在单元格中或者编辑栏中对单元格内容进行编辑和设置，单元格直接编辑的方法为：双击需要编辑数据所在的单元格，这时光标处于闪烁状态，可以修改单元格中的内容。另外一种方式是单击包含需编辑数据的单元格，然后单击编辑栏中的任何位置，这时插入点将定位于所在位置。使用退格键可以删除插入点之前的内容，选中内容后可以使用Del键删除，选中字符并输入新的字符可以替换现有字符（图4-8）。

图4-8 单元格内容编辑

（3）插入或者删除单元格：Excel可以在当前活动单元格的上方或者左侧插入空白单元格，还可以在下方或者右侧插入新的空白单元格，不仅可以输入单行或者单列单元格，也可以同时插入多行或者多列单元格，也可以进行删除的操作（图4-9）。其操作方法是：选择当前单元格，在"开始"菜单的"单元格"功能面板中，单击"插入"下边的箭头，然

图4-9 插入单元格

后单击"插入单元格",在插入单元格对话框时选择周围单元格的移动方向。

（4）更改列宽或行高：更改列宽的两种方式为：选中需要更改宽度的列,在开始菜单下的单元格功能面板中单击格式,选择列宽,在列宽对话框中输入具体的数值。另外一种方式是选中需要更改宽度的列,光标指向标题,变成如下图所示的形状,按住鼠标左键向右或者向左拖动鼠标至宽度为合适大小释放鼠标左键(图 4-10)。

图 4-10　更改列宽

更改行高的方法为：选中需要更改行高的行,在开始菜单下的单元格功能面板中单击格式,选择行高,在行高对话框中输入具体的数值。另外一种方式是选中需要更改行高的行,光标指向行标题,变成如图 4-11 所示的形状,按住鼠标左键向上或者向下拖动鼠标至宽度为合适大小释放鼠标左键。

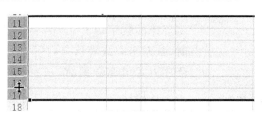

图 4-11　更改行高

可以自动调整行高或者列宽以适合单元格中的内容,其使用方法为：选中单元格,在开始菜单下的单元格功能面板中单击格式,单击自动调整行高或自动调整列宽。若要更改工作表的默认列宽,在工作表标签上右击选择选定全部工作表,在开始菜单单元格功能面板下单击格式菜单,单击默认列宽,在标准列宽对话框中输入默认列宽(图 4-12)。

图 4-12　选定全部工作表

设置目标列的列宽与另一列相同的方法为：选中原始列并单击开始菜单下剪贴板功能面板的复制按钮,选中目标列,单击开始菜单下的剪贴板功能面板的粘贴按钮,单击选择性粘贴,在打开的对话框中选择列宽单选按钮。

（5）使用公式：采用公式进行计算是 Excel 的重要操作。公式由等号、引用、函数、常量、运算符等组成。使用方法为：单击目标单元格,在编辑栏中依次键入"＝",后面为计算公式内容,假设要在单元格 A1 中使用公式,首先单击 A1

单元格,单击编辑栏,并在其中输入=5+2+3,然后回车,系统会根据公式进行计算。引用是对当前工作表单元格内容的定位和使用,如 A1 表示第 1 行第 1 列的内容(表 4-1)。

表 4-1　单元格引用方式说明

引用内容	引用方式
列 A 和行 20 交叉处的单元格	A20
在列 B 和行 10 到行 20 之间的单元格区域	B10:B20
列 A 到列 C 和行 10 到行 20 之间的单元格区域	A10:C20

函数是 Excel 为方便用户进行相关数据统计分析而内置的功能,函数有函数名、参数和参数工具提示等组成,如计算平均值的函数为 AVERAGE(number1,[number2],…),使用方法为:在活动单元格的编辑栏中输入=average(a10:a20),表示计算第一列中第 10 行到第 20 行的平均值。

(6)使用图表。在 Microsoft Office Excel 2007 中,可以轻松地创建专业的图表。其使用方法为首先在工作表中输入需要编辑的数据,选中编辑数据并单击插入菜单下的图表功能面板,在其中选择相应的图表类型即可。Excel 2007 提供了柱形图、折线图、饼图、条形图、面积图、散点图等多种类型的图表(图 4-13)。Excel 2007 还支持其图表在 Word 和 PowerPoint 软件中的交叉使用。

图 4-13　Excel 图表类型

更改图表外观的方式为:单击要设置格式的图表,在设计菜单下选择图表布局功能面板并在其中单击需要使用的图表布局即可,图 4-14 为采用布局 1 生成的饼图。

图 4-14　Excel 图表布局

4.3.2 Excel 软件制作赛事表

统计赛季或者年度的比赛列表,是运动队整理比赛资料和进行技术分析所要做的工作之一。赛事表一般包含比赛的编号、比赛名称、比赛性质、比赛时间、比赛双方及比赛地点等信息。下面以乒乓球项目为例介绍制作赛事表及进行简单统计的过程。主要包括数据录入、格式设置、统计分析、打印输出等步骤(下述表格内容与数据为举例而专门设置,不具有真实性)。

4.3.2.1 数据录入

首先运行 Office Excel2007 并新建 Excel 工作簿,编辑点自动定位于 sheet1 工作表的 A1 单元格中,在其中输入列名"比赛编号",按 Tab 键光标移至 B1 单元格中,在其中输入列名"比赛名称",按 Tab 键光标移 C1 单元格中,在其中输入列名"比赛性质",按 Tab 键光标移 D1 单元格中,在其中输入列名"比赛时间",按 Tab 键光标移 E1 单元格中,在其中输入列名"比赛地点",这样第一行列名就完成了。接着按 Enter 键,光标定位至第二行的第一个单元格 A2 上,在其中输入"1",按 Tab 键光标移至 B2 单元格中,在其中输入列名"2007 年中国公开赛",按 Tab 键光标移 C2 单元格中,在其中输入列名"公开赛",按 Tab 键光标移 D2 单元格中,在其中输入列名"2007-4-23",按 Tab 键光标移 E2 单元格中,在其中输入列名"中国",这样第一场比赛的信息录入就完成了。按 Enter 键光标定位至第 3 行,输入比赛编号"2",比赛名称为"2007 年女子世界杯",比赛性质为"世界杯",比赛时间为"2007-9-20",比赛地点为"中国"。接下来输入下列比赛信息,保持第一列为空,由于比赛编号符合数字序号规律,后面用自动填充功能来完成。

下面接着来完成比赛编号的自动填充和表格格式的设定。同时选中 A2 和 A3 单元格,按住鼠标左键向下拖动填充柄直至列末,松开鼠标左键,自动填充完成,可以看到,Excel 自动生成了 3~5 的编号,至此表格中数据的录入完成。

4.3.2.2 格式设置

选中录入的数据 A1:E6,在开始菜单下的样式功能面板下单击套用表格格式,在其中选择表样式浅色 1 得到的结果如图 4-15 所示。

比赛编号	比赛名称	比赛性质	比赛时间	比赛地点
1	2007年中国公开赛	公开赛	2007-4-23	中国
2	2007年女子世界杯	世界杯	2007-9-20	中国
3	2008年中国公开赛	公开赛		中国
4	2007年新加坡公开赛	公开赛		新加坡
5	奥运会预选赛	预选赛		香港

图 4-15　应用表格样式

4.3.2.3 筛选统计

通过表头的自动筛选按钮可以进行简单统计分析。例如可以把比赛按照比赛时间升序排列,点击列名"比赛时间"右侧的下拉列表框,在其中点选"升序"

可按时间次序查找需要分析的比赛。如果只显示在中国举行的比赛,单击比赛地点右侧的下拉列表框,在其中只选择"中国"。

4.3.2.4 页眉页脚及主题设置

在进行页面设置前首先需切换至"页面布局"视图,单击页眉位置"单击可添加页眉",在其中输入文本"2004—2009年乒乓球比赛一览表",在"单击可添加页脚"处输入文本"2010-6-10"。在Excel2007中还可以为表格指定不同样式的主题,读者可以根据实际运用情况选择相应的表格主题,所谓主题是系统预置的已经设置好表格中的字体格式、段落格式、颜色框架等格式的全表格样式。

4.3.2.5 打印设置

通过页面布局菜单下的"页面设置"功能面板可以设置打印的纸张大小、页边距、纸张方向和打印区域等。单击Office按钮下的打印按钮可以进行打印、快速打印和打印预览等操作(图4-16)。

图4-16 页面设置

4.3.3 Excel制作比赛签表

制作比赛签表是记录比赛成绩和进程直观表示赛程赛果的重要步骤。比赛签表由比赛起始阶段开始记起,分为小组赛、淘汰赛、64强、32强、16强、8强、半决赛、决赛等,下面使用Excel2007制作2011年斯洛文尼亚公开赛男子单打比赛的签表,本例中的签表从8强赛开始记录。

4.3.3.1 工作表数据录入

首先输入比赛选手及比赛成绩,在A1、A5、A7、A11、A13、A17、A19、A23中分别输入8强选手1 B4(中国)、2 吴尚垠(韩国)、3 W1(韩国)、4 B5(中国)、5 A1(中国)、6 徐昕(中国)、7 陈玘(中国)、8 高宁(新加坡),在A3、A9、A15、

A21中输入比赛时间"29/1/2011",在B3、B9、B15、B21中输入上一轮比赛的胜者B4(中国)、B5(中国)、A1(中国)、陈玘(中国),在B4、B10、B16、B22中输入比赛局分12-14,12-10,11-4,11-8,11-6;4-11,4-11,11-6,1-11,5-11;11-7,13-15,9-11,8-11,11-3,13-11,12-10;11-7,11-5,4-11,11-8,13-11。在B6、B18中输入比赛时间"30/1/2011",在C6和C18中输入决赛运动员"B5(中国)、陈玘(中国)",在C12中输入决赛时间"30/1/2011",在C7和C19中输入两场半决赛的局分"11-6,10-12,5-11,6-11,11-9,15-13,5-11""13-11,7-11,8-11,7-11,11-9,11-4,10-12",在D12中输入"陈玘(中国)",在D13中输入决赛比分"11-5,11-4,11-13,14-12,11-4"。

4.3.3.2 工作表格式设置

运动员姓名设置为宋体,12号,单元格左对齐,日期和比分设置为宋体,6号,单元格居中对齐。选中A2:A5单元格,选择开始菜单下的字体功能面板,单击边框设置按钮,分别设置选中单元格的上、下框线和右框线,A8:A11,A14:A17,A20:A23执行与A2:A5同样的边框设置,B4:B9,B16:B21,C7:C18执行上述相同的设置,D12单元格设置下边框。这样表格的格式设置完成。将视图由普通视图切换至页面布局视图,单击页眉位置添加"2011年英国公开赛男子单打签表"(图4-17)。

图4-17 比赛签表

第 5 章　体育信息展示技术

训练和比赛中采集到的数据经过统计分析后最终要以某种媒体为载体呈现给教练员、运动员或者科研人员,这些载体包括研究论文(报告)、多媒体技术分析等形式。本章主要论述呈现上述载体的形式和方法。包括用文字处理软件撰写论文、用多媒体制作软件制作技术分析等。体育比赛视频是进行运动回溯、技术分析、动作模拟的重要素材,在运动训练过程中,经常需要对不同类型的视频进行采集、编辑、演示,本章还论述了视频的播放、编辑、演示等技术及应用方法。

重点内容:

- 文字处理软件撰写学位论文;
- 文字处理软件制作训练计划;
- Powerpoint 软件制作比赛分析;
- Powerpoint 制作答辩演示文稿;
- 视频播放工具及其应用;
- 视频编辑工具及其应用。

5.1 文字处理软件 Word 及其在体育领域的应用

Word 文字处理软件是微软公司推出的"所见即所得"系列软件之一,1983 年首次推出运行于 dos 操作平台的版本,但一直未引起人们的关注,1984 年推出的基于苹果平台版本赢取了广大客户的接受,1989 年推出基于 Windows 平台的版本并在随后的几年中获得了巨大成功,目前最新版本为 Word 2010。目前 Word 办公软件有 Dos、Macintosh、Windows、UNIX 4 个平台的版本,以 Windows 平台的用户最多。除上述的"所见即所得"为,Word 软件还有多媒体混编、制表、模版与向导、自动纠错等特色功能。

在使用 Word2007 之前,首先得熟悉 Windows 的基本操作,并确认已安装该应用软件,如果需要中文录入的话,还得首先安装中文输入法,这些铺垫性的内容这里不再赘述。这时仅介绍 Word 的常用功能,如需学习其相关的高级功能请查阅 Word2007 的帮助文档,只需在任何需要的地方按 F1 键,并输入问题的关键字,即可检索和调用相应的帮助文档。帮助文档是快速学习微软系列软件的重要途径,是开发者为方便用户使用而编写的参阅文档,建议初学者多使用。

5.1.1 Word 2007 基本功能

5.1.1.1 文件操作

(1)软件打开与关闭:在开始菜单的程序子菜单下或者桌面快捷方式找到下面的标志,双击可以打开 Word 软件。Word 软件的关闭可以在 Office 按钮下选择"关闭"或者直接点击软件的关闭按钮进行关闭。Office 系列软件的操作均有相应的快捷键,可通过 Ctrl、Shift 键与字母配合来进行,读者可以根据需要选择相应的快捷方式。常用的快捷操作有 Ctrl + Z 为撤销上一操作,Ctrl + C 复制,Ctrl + V 粘贴。

(2)新建 Word 文档:如果 Word 软件已经处于打开状态,可以选择 Office 按钮下的"新建"子菜单打开新建文档对话框。提供自动模板来建立新文档时 Word 的一大特色,可以看到,Word2007 的模板比较丰富,几乎涉及所有办公文档的范围。另一种新建 Word 的文档是在桌面空白处右击弹出快捷菜单,选择"新建""Microsoft Office Word 文档",然后双击打开该文档即可(图 5-1)。

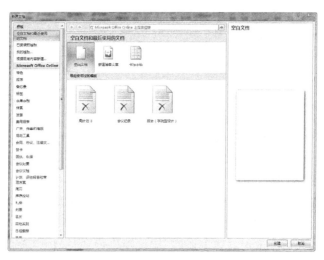

图 5-1 "新建"文档窗口

(3)Word 文档保存:单击快速工具栏的磁盘按钮,选择 Office 下的"保存"

第 5 章　体育信息展示技术

按钮,使用快捷键 Ctrl + S 这 3 种方式均可以保存当前文档。另存为的作用主要在于保存当前文档的副本,或者将当前文档保存为相应的格式,初学者在使用保存和另存为功能为需注意两者的区别。为了提供文档的兼容性,即文档可以在不同的软件平台下打开,Word2007 提供了以下几种格式支持:纯文本、低版本的 Word97-2003 格式、Adobe pdf 等。需要注意的是,Office 软件的高版本均可以兼容低版本,但低版本的不支持兼容高版本格式,如 Office2007 保存文档的后缀名为 docx,在低版本的 Word 软件下无法打开,所以在保存时一定注意保存的格式。

（4）文档打印:前面提到"所见即所得"是 Office 系列软件的特色。文档的打印和实时预览也属于该特色的重要部分。打印功能可以在 Office 按钮下的"打印"按钮打开。打印可以提供打印预览、快速打印和打印 3 种选择。在打印预览状态下可以设置打印选项、页边距、纸张方向和纸张大小等。提供按单页、双页、页宽和其他比例的预览模式。

（5）文档属性设置:点击 Office 按钮下的准备菜单可以打开文档属性编辑栏,在该编辑栏下可以设置文档的作者、标题、主题、关键词、类别、状态等。文档属性是为识别文档而设置的。在办公文档比较多时可以起到规范保存的作用。

（6）其他文件操作:Word 2007 还可以将文档发布到博客上,将文档直接以邮件的形式发送,还可进行文件格式的转换、文档的联机操作等,这些功能属于基本功能的扩展,实际使用时可以通过查阅相应的文档进行操作,这里不作介绍。

5.1.1.2　Word 2007 用户界面

Word2007 的用户界面由 Office 按钮、快速工具栏、菜单栏、标题栏、功能面板、文字编辑区和状态栏组成,如图 5-2 所示。在编辑区光标闪烁的位置为当前编辑位置,可以在此处输入文本。功能区是在点击相应的菜单项后弹出的功能面板,图中所示为"视图"菜单的功能面板。

Office 按钮下拉菜单为文件的功能,执行新建文件、保存文件、关闭软件等操作,快速工具栏用于定义使用频率高的软件操作,默认的快速工具为文件保存、撤销与恢复按钮,可以根据实际使用情况进行重新定义,如打印预览功能也可加入快速工具栏中,其位置可以放置在两个位置:Office 按钮旁边或者功能区下方(图 5-3)。

菜单栏提供所有的 Word 功能操作,开始菜单执行常用的文字格式、段落格式和剪贴板功能,还可以进行文章中文字的查找和替换选择功能(图 5-4)。

插入菜单提供图文混编功能,可以插入的对象有:新页、表格、图形和图片、图表、超链接、页眉页脚、文本框和符号等(图 5-5)。

图 5-2　Word 2007 用户界面

图 5-3　快速工具栏

图 5-4　开始菜单功能面板

图 5-5　插入菜单功能面板

　　页面布局菜单提供页面设置功能,包括文档的主题、背景、段落和图形文字的排列方式等(图 5-6)。

图 5-6　页面布局菜单功能面板

第5章 体育信息展示技术

引用菜单用于编辑文档的目录、脚注尾注、参考文献、题注和索引等,该菜单功能在进行论文撰写的过程中会大量使用(图5-7)。

图5-7 引用菜单功能面板

邮件菜单用于生成大量格式类似的文档,如准考证、学生卡等。邮件功能后台需要相应的数据库文件支撑,邮件菜单按照实际制作邮件的过程来进行设置,分别为创建、开始邮件合并、编写和插入域、预览、完成(图5-8)。

图5-8 邮件菜单功能面板

审阅菜单执行文档的校对、修订、比较和保护功能。视图菜单用于选择相应的浏览模式,编辑状态为页面视图或者普通视图,阅读版式视图比较符合实际的文档阅读方式,可以对文档进行批注等,Web视图为为了便于文档在网上发布而提供的一种浏览方式,大纲视图显示文章的框架结构,方便进行大纲级别编辑(图5-9)。

图5-9 视图菜单功能面板

5.1.1.3 Word2007文档编辑

Word文档编辑分为编辑定位、录入文本、字符格式设置、段落格式设置、页眉页脚设置、页码设置、预览、打印等步骤。

(1) 编辑位置定位:输入文本时首先需将编辑位置定位在插入点,当新建或打开文档时,一条闪烁的竖短线位置即为当前文档的编辑点。如果需要变换编辑点,可以使用鼠标或者键盘上的上下左右光标、上下翻页键进行重新定位。上下光标键分别是上下移动一行,左右光标键位左右移动一个字符,上下翻页键为上下移动一页;使用开始菜单提供的查找功能也可实现编辑点的特定位置定位(页、节、行、书签、批注、脚注尾注及不同对象等)(图5-10)。

图 5-10 定位对话框

(2)输入文字及符号:输入文字首先要确认已经安装相应的输入法,Windows 简体中文版默认安装了英文输入和微软拼音输入法,可以使用 Ctrl + Shift 键在两种输入法之间进行切换。在英文输入法状态下需要在大小写之间切换时可以按下 Caps Lock 键,需要注意的是,按下 Insert 将会替换当下编辑点之后的字符。标准键盘已经提供了基本符号的输入,只需按 Shift 和相应的符号键即可。其他特殊符号可以通过两种方式输入:其一,是使用插入菜单下的符号和特殊符号功能;其二,是使用微软输入法的符号录入功能,点击微软拼音输入法的功能菜单在软键盘下选择标点符号、数学符号或者特殊符号打开相应的模拟键盘,在相应的符号上点击即可(图 5-11、图 5-12)。

图 5-11 插入符号面板

图 5-12 微软拼音输入法符号输入选择

(3)文字格式设置:设置文字格式前首先需选中文本,选中文本的方法比较多。比较简便的一种方法是,首先将光标点定位于需编辑文本的起始位置,按下鼠标左键并拖动鼠标至编辑文本的结束为止,松开鼠标左键,将光标移至编辑区的外侧直到光标由闪烁的竖线变为白色填充的箭头,这样选中的文本将以深色底纹的形式出现。将鼠标箭头指向选中文本框的右上角,这时将弹出字体编辑对话框(图5-13)。该对话框可以对文字的字体、字号、粗细、是否倾斜、颜色等进行设置。字体格式可以点击宋体右侧的下三角进行选择,字号可以单击小四右侧的下三角进行选择,如果只是在现有基础上增大或减小字的大小可以点击增大和减小按钮。格式刷可以复制当前文本的格式应用于其他文本,使用方法是在当前选中的文本上点击格式刷使其处于按下状态,定位至目标编辑文本并拖动至结束为止即可复制当前文本的格式。选中文本后也可用开始菜单下的字体格式功能面板进行设置,功能与上述快速方式基本类似。在选中的文本上右击可以打开更为详细的字体格式设置窗口,在该窗口中可以对文本的效果和字符间距进行设置(图5-14)。在开始菜单下提供了预置的文本格式,如标题格式、副标题格式、强调格式、题注和要点等,这是为简化用户设置字体的过程而设置的,初学者可以运用上述格式。Word2007在进行相应格式设置时均提供了即时预览功能,鼠标经过相应格式可看到效果。

文字格式设置:设置文字格式前首先需选中文本,

图5-13 文字格式设置

图5-14 字体格式设置窗口

（4）段落格式设置：在对段落格式进行设置前，需首先选中整个段落，其操作方式与上述提到的方法相似。操作方式有两种，即右键选择段落字菜单或者使用开始菜单下的段落格式面板。段落格式主要有行距、段落前后距离、首行缩进、段落缩进、对齐方式、大纲级别等。大纲级别是文章的层次结构，给出文章的大致描述。设置大纲级别后可以在大纲视图下看到文章的框架，还可以利用其自动生成文章的目录，此内容将在后续的实例中介绍。在进行列表性的描述时，自动编号功能显得比较重要，它可以根据选中文本的缩进方式自动进行层次分析，生成带有特殊符号或者数字字母编号的格式，使用自动编号可以突出描述对象的逻辑层次关系，在撰写学术论文或者总结报告时使用该选项可加强文章的可读性，建议有选择性地使用。段与段之间的间距可以通过段前段后选项进行设置，系统提供了自动、0.5行、1行、多行等多种选择（图5-15）。行距与字体的合理搭配直接决定着整个文档的视觉效果，所以选择合适的行距非常重要，初学者需要多尝试。

图5-15　段落格式设置窗口

上述分别介绍了文本和段落格式的设置途径和方法。应该指出的是，文字的格式只是为表现文章的中心思想而进行设置的，需根据实际需要而进行变化。

如公文正文多采用宋体或者仿宋体,标题采用黑体或者宋体,字号使用小三号以上为宜;学术论文的正本一般采用宋体,字号为小四号;英文采用 Times Roman 字体。制作个人简历则需要段落的变化,多使用项目列表等来展示自己的经历。制作海报则需要颜色的合理搭配使用,不同场合需有针对性。

(5)整体设置:包括页面设置、页眉、页脚设置、边框和底纹设置、背景设置、目录生成、脚注尾注设置等,该部分为对文档的完善部分,提供打印前的准备工作。页面设置包括文字方向、页边距、纸张方向、纸张大小等。整体设置时可以在页面视图和阅读版式视图之间切换观察设置后的效果。页眉、页脚设置可以在插入菜单下页眉和页脚功能面板找到,一般页眉为文章的标题信息,页脚为页数和页码信息,系统也提供了自动模块供选择,在使用时需注意简洁明了为宜。如果需要打印输出的话,还需注意奇偶页页眉的区别。如果文档为多章节结构,需在不同章节设置相应的页眉(图 5-16)。首先在章节分界点插入分页符,然后再设置不同的页眉,设置分页符时需保持页码的连续性(图 5-17)。边框和底纹设置位于段落菜单下,边框分为页面边框和段落边框,在编写行政审批手续时该功能使用较多,优点在于可以一目了然地定位目标信息。背景设置在页面布局菜单下的页面背景功能面板,页面背景功能在日常办公时使用较少,在需要制作宣传海报、新闻稿或者报纸、刊物时才会用到。其主要作用在于保证版面的视觉效果,突出主要浏览内容,通过颜色、背景变化将版面进行分割。目录生成功能位于引用菜单下,在制作页数较多的文件时很重要,如在制作学位论文时,文章多达几十页甚至上百页,目录的生成便于读者了解文章的框架结构,迅速定位感兴趣的内容,自动生成目录的前提是编辑文档时已经定义了相应的大纲级别。目录功能可以定义目录的样式,系统预定义了简单、正式、流行、典雅等 6 种模板,可以根据实际需要进行选择,生成目录可以选择显示的最大层次,可根据文章的篇幅结构进行选择,较大的篇幅以选择 3 个层次为宜,较小的篇幅则可使用 4 个层次的目录结构(图 5-18)。

图 5-16　页眉页脚设置

图 5-17　插入分页符

图 5-18　插入目录

(6)插入图形和表格:图文混排是 Word 软件的特色,在文档中可以插入文本框、图形、图片、图表、剪贴画、Smart Art 等来丰富文档表达的内容。以上操

图 5-19　插图功能面板

作可以在插入菜单下的插图功能面板中进行(图 5-19)。需注意的是尽量使用高精度的照片以保证打印的质量,最好能＞72像素。剪贴画是 Office 图片库,可以根据实际需要在其数据库搜索使用。Word 还支持自行绘制图形的功能,点击形状按钮可以看到提供了一些绘图的基本元素,包括线条、矩形、箭头、标注等,在使用时可以通过它们的不同组合来绘制出各种样式的图形,在 Word 中添加图形的另外一种方式是插入 Microsoft Visio 对象,并在 Visio 中制作相应的图形,执行该操作时需首先安装 Microsoft Visio 2007 软件。Smart Art 是 Office2007 开发的特色功能,可以便捷地将现有文本或者数据转化为形象直观的图形。表格的使用可以是增强文章的逻辑层次感,当涉及需要对比说明、分类说明的问题时可以考虑用表格来进行组织。表格功能面板位于插入菜单下,可以采用自动生成和手动绘制两种方式,Word2007 提供了快生成表格的功能,不用进行复杂的设置即可生成相应的表格。需要指出的是,使用表格和图形需符合相应的规范,如我国的学术论文表格采用三线结构,表格的标题需置于表格上方中间,而图形的标题则应置于图形的下方中央,而且需要用相应的序号加以标示,便于查找和识别。

(7) 预览、打印、保存:文档预览是文本编辑非常重要的环节,可以浏览文档的总体效果并检查错误等。预览可以在阅读版式视图下进行,分成单页、双页或者多页浏览,也可点击 Office 按钮,打开打印→打印预览窗口来进行(图 5-20)。

图 5-20　打印预览窗口

5.1.2　Word2007 撰写论文

按照学术规范撰写学位论文是体育专业本科和研究生学习的重要方面。论文分为体育期刊发表的小论文和申请学位必须完成的大论文两种,本节将分别进行介绍。论文的撰写牵涉到了诸多环节,如选题、构思、书写、规范成稿等,论

第 5 章 体育信息展示技术

文质量的高低取决于作者对本领域研究方向的全面把握、合乎逻辑的构思以及创新的思想。本部分主要分析论文的结构及如何使用 Word 软件编辑使其合乎学术规范,选题及构思不同专业的研究人员差别较大,读者可以自行揣摩。为了便于读者掌握使用 Word2007 撰写论文的步骤,以运动员技战术分析论文为例说明。

5.1.2.1 文献搜集与整理

确定论文的大概研究方向后,对相关方向的研究有详细的了解,在论文的写作过程中借鉴前人的研究结论;另外论文撰写的过程中需要不断与他人的研究结论与结果进行对比分析。因此,文献检索是非常重要的一个环节。体育文献的来源及其检索方法在前一章节中已作详细介绍,这里不再赘述。本例中笔者的论文以运动技战术研究为线索,分别在国内期刊网以技术、战术、技战术、乒乓球、羽毛球、网球、排球、篮球等关键词进行了检索,并将研究的时间确定在近 5 年内。检索的结果表明,关于对抗性项目的技战术研究较多,且对于具体案例的分析多,而对整个项群的综合研究少。另外,从不同角度阅读文献可以得出不同的结论,研究人员可以从国内与国外、本领域与其他领域多方面查阅文献,图 5-21 以"技战术"为关键词简单检索到的结果,从 1994～2010 年,共检索到结果 1008 条,其中期刊论文 875 篇,硕、博士学位论文 106 篇(图 5-21)。

图 5-21 中国期刊网部分检索结果

5.1.2.2 撰写论文提纲

论文提纲是论文的主要框架,可以从总体上把握论文的脉络,所以撰写论文提纲是很有必要的。撰写论文的提纲应遵循自顶向下、逐步细化的原则,首先撰写论文的大框架,然后逐步向下拓展。本例以乒乓球技战术研究为例加以说明,主题确定为"某某乒乓球运动员的技战术特征研究"。文章的第一部分首先总结国内、外关于乒乓球技战术研究的现状;第二部分描述研究的对象和方法;第三部分为研究的结果与结论;第四部分对研究进行总结并提出展望。

第一部分:技战术研究的现状需进一步细化,可以从乒乓球技战术的发展,乒乓球技战术指标体系,乒乓球比赛规则的变化,乒乓球技战术的特点及发展趋势,乒乓球比赛诊断研究,现代计算方法在乒乓球比赛诊断中的应用,乒乓球决策支持系统研究,乒乓球项目的开展现状等几个方面展开,最后还需对上述研究加以总结,指出目前研究的局限及其本研究的意义所在。因此,第一部分是突出整个论文研究意义的铺垫,读者应从电子文献、书籍等方面作全面的总结与概括。第二部分:为文章的方法论部分,体育领域常用的研究方法有文献资料法、专家访谈法、问卷调查法、录像观察法等,需对每种方法的适用对象及具体使用方法作出描述。方法的设计决定着研究的成败,所以本部分应在逻辑思辨的基础上再进行描述。第三部分:为文章的结论部分,是整篇论文的核心,也是论文的贡献所在。多角度、全方位进行分析与综合是本部分撰写的关键。最后部分:指出论文的研究局限,为其他研究人员开展相关研究提出建议,该部分体现了作者对整个研究的把握程度,指出条件局限性或者其他原因导致研究的适用范围或者结论受限等。在撰写论文提纲时需用到 Word2007 的项目多级列表功能,该功能位于开始菜单下,也可在右击快捷菜单中打开如下子菜单(图5-22)。

图 5-22　编号快捷菜单

- 第一步:首先按照次序输入文本

国内、外研究的现状

乒乓球技战术指标体系研究

乒乓球技战术诊断方法研究

现代计算方法在乒乓球比赛分析中的应用

研究对象与研究方法

研究对象

研究方法

文献资料法

专家访谈法

问卷调查法

录像观察法

研究的结果与结论

研究结果

结果一

结果二

结果三

研究结论

结论一

结论二

结论三

研究局限及展望

研究的局限性

研究的展望

- 第二步：段落缩进呈现大纲层次结构

缩进功能如图5-23，分为左缩进和右缩进，这里选择右缩进功能，使输入的文本呈现层次结构。

图5-23　缩进按钮

国内外研究的现状

  乒乓球技战术指标体系研究

  乒乓球技战术诊断方法研究

  现代计算方法在乒乓球比赛分析中的应用

研究对象与研究方法

研究对象
　　研究方法
　　　文献资料法
　　　　专家访谈法
　　　　问卷调查法
　　　　录像观察法
研究的结果与结论
　　研究结果
　　　结果一
　　　结果二
　　　结果三
　　研究结论
　　　结论一
　　　结论二
　　　结论三
研究局限及展望
　　研究的局限性
　　研究的展望

· 第三步：插入多级编号

首先选中上述文本使其呈现深色背景状态，点击多级列表按钮选择（图5-24），其结果如下，可以看到，Word2007对大纲进行了自动编号，层次结构一目了然。

图5-24　多级列表按钮

1　国内、外研究的现状
　1.1　乒乓球技战术指标体系研究
　1.2　乒乓球技战术诊断方法研究
　1.3　现代计算方法在乒乓球比赛分析中的应用
2　研究对象与研究方法
　2.1　研究对象
　2.2　研究方法

2.3 文献资料法
   2.3.1 专家访谈法
   2.3.2 问卷调查法
   2.3.3 录像观察法
3 研究的结果与结论
   3.1 研究结果
      3.1.1 结果一
      3.1.2 结果二
      3.1.3 结果三
   3.2 研究结论
      3.2.1 结论一
      3.2.2 结论二
      3.2.3 结论三
4 研究局限及展望
   4.1 研究的局限性
   4.2 研究的展望

读者还可以根据实际需要对列表的格式进行修改，其界面如图5-25。

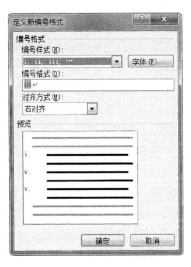

图5-25 列表样式修改

5.1.2.3 研究思路和技术路线图

一般在论文的起始部分需要给出论文的研究方法和思路(技术路线)，技术路线图是对文章所要完成的工作及其步骤方法进行的总结性陈述，所以采用流程图的形式进行表达是非常形象直观的。Word 在插入菜单下提供了绘制流程图的功能(图 5-26)。流程图主要由开始/结束标志、数据处理标志、输入输出标志、判断标志、循环标志、进程标志、数据库标志等组成。接上述事例,假设对某乒乓球运动员的比赛进行技战术诊断与分析,其思路为:首先给出基本信息及近年来的成绩情况,然后对其总体技战术发挥情况进行分析,接下来分别从其发抢段、接抢段、相持段进行分析,最后对其技战术特征进行小结。

图 5-26　流程图面板

按照上述思路绘制"某乒乓球运动员技战术分析"的技术路线图,其步骤如下:点击插入→形状→流程图,选择开始标志▭,这时光标变为"十"字形状,按住鼠标左键拖动光标直至合适大小为止,松开左键,选择绘制的开始标志并右击选择添加文字,这时光标会在矩形框中闪烁,输入开始,这时就完成了开始标志的绘制,选中矩形框的同时,其周围会出现 8 个黑色小方块,拖动其中任何小方块,可以从不同方向该表框的大小,其他形状的操作与矩形框的操作类似,不再介绍。箭头标志表示流程的进行,长方形块表示项目的处理,平行四边形表示数据的输入和输出,梯形标志表示手动操作,最终绘制的"技战术分析"流程图如图 5-27 所示。可以看到,绘制的技术路线图清楚地描绘了文章的脉络。有的文章还涉及验证和反复执行的过程,这时要用到循环符号表示,有的需要在行文的某个阶段判断执行分支,这时需用到判断结构,读者可根据实际情况揣摩使用,基本操作都是类似的。绘制技术路线路的另外一种方法是使用 Smar Art 图形,Word 提供了 6 种形式的图形,分别可以表示自顶向下型结构、循环结构、射线结构、棱锥结构、维恩图和目标图。例如,对某乒乓球运动员的技术分析可以从发球、接发球、第三板、第四板和相持展开,可以使用组织结构图。首先选择插入菜单→形状→Smar Art,选择组织结构图,点击确定即可生成一个三分支的组织结构图(图 5-28),选中生成的图形四周的 8 个方块,调整图形至合适大小,点击其中的文本框并在其中添加文字,选中第二层的任意矩形,右击同事两次,可使第二层变为 5 个矩形,这样就可满足当前的要求了,在第二次的矩形框中单击添加文字,得到如图 5-29 所示的结构图。选中组织结构图中的任意元素将出现格式菜单,可以修改其颜色、填充等格式。

第 5 章 体育信息展示技术

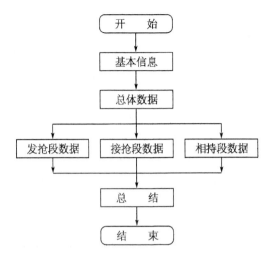

图 5-27 流程图案例

图 5-28 Smar Art 图形

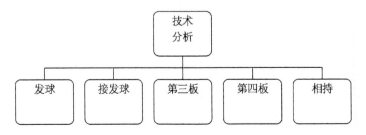

图 5-29 乒乓球比赛技术分析结构图

5.1.2.4 表格和图形运用

在撰写论文的过程中,很多论据是以数据形式来呈现的,这时就需要用到表格,表格的好处在于可以很明确地对数据进行对比和综合,明晰数据的计算过程。为了更好地展示实验仪器、实验过程和实验结果,有时候需要用到图片。两者的好处都在于其直观和形象性,所以使用的数量应适度适量。表格和图片功能面板都位于插入菜单下。表格的插入可以有 3 种方式:其一是快速表格,直接点击表格菜单拖动鼠标选择需要的行数和列数即可自动插入表格;其二是手动绘制表格;其三是插入 Excel 电子表格。3 种方法各有其适用范围,自动表格的好处在于速度快,手动绘制在于其随意性,Excel 电子表格则具有计算功能。接上例,对其技术进行分析,点击插入 7*4 表格,分别输入文本。选中表格,点击设计菜单,在其中选择简明型 1,得到结果便是在撰写论文中最常用的三线表格,为表格添加表头"技术分析",得到的结果如表 5-1 所示。通过表中的数据可以对整场比赛中各项技术发挥情况了如指掌。若辅以相应的计算则效果更佳,如表 5-2 中可以通过得失分的比例计算各项技术的得分率,计算得失分的比例计算全场的得分率,还可以用得失分总和与整场球数的比例计算使用率等(本例中比赛数据不代表真实比赛)。

表 5-1 计算前的技术分析

	发球	第三板	接发球	第四板	相持	总计
得分	10	11	13	14	9	57
失分	2	6	12	12	22	54

选中上述表格,单击布局菜单下的"在下方插入行"按钮,并输入文本"得分率",分别进行相应的计算得到的结果如表 5-2 所示。需要说明的是,如果选择的是插入 Excel 表格的话,可以采用输入公式的方式来进行自动计算,这里进行人工计算,从图中的数据可以得知,该选手的发球段(发球和第三板)具有明显优势,而其在相持段则吃亏较多,其优劣势可以很轻松地分析出来。

表 5-2 计算后的技术分析

	发球	第三板	接发球	第四板	相持	总计
得分	10	11	13	14	9	57
失分	2	6	12	12	22	54
得分率	83%	65%	52%	54%	29%	51%

5.1.2.5 脚注尾注和参考文献

在撰写学术论文时,需要对文中引用文献进行标注,指出其作者及出处,这样做即是对文献作者劳动的尊重，也便于阅读此论文的读者查询相关的研究背景。脚注的另一个作用是插入作者的简介、研究方向及联系方式等方便读者联系，有的脚注还对相关需要解释的内容进行标注。

图 5-30 中的这篇学术论文的脚注注明了文章的收稿日期、基金项目、作者简介及作者单位和作者联系方式等信息，便于作者对论文的相关背景知识进行了解。图 5-31 为同一篇论文的尾注部分，指出了引用文献的出处，可以看到参考文献的书写也需要遵循一定的规范，对于期刊论文、出版著作、学位论文等的引用均有固定的格式。

文章编号:1000-677X(2010)01-0080-06
体育科学
2010 年(第 30 卷)第 1 期
CHINA SPORT SCIENCE
Vol.30,No.1,80-85,2010.

指血与静脉血 BUN、CK 3 种测试方法的比较实验研究

Comparative Study of Three Chemistry Instrument for Testing the Level of BUN & CK in Finger Blood and Venous Blood

李鹏飞[1],冯葆欣[1],宗丕芳[1],尚文元[1],张卫英[1],宋国强[2]
LI Peng-fei[1],FENG Bao-xin[1],ZONG Pi-fang[1],
SHANG Wen-yuan[1],ZHANG Wei-ying[1],SONG Guo-qiang[2]

摘　要:通过采集同时同人指血与静脉血并分别用 3 种生化分析仪测定 BUN、CK 进行结果比较和相关分析。采集 40 例自行车运动员同时同人指血和静脉血,并在 MD-100 半自动生化分析仪、Reflotron. sprint 干式生化仪测定指血和在 7020 全自动生化分析仪上测定静脉血 BUN 和 CK,并做两种比较实验,即指血、半自动生化仪与静脉血、全自动生化仪测定比较 BUN/CK,指血、干式生化仪与静脉血、全自动生化仪测定比较 BUN/CK,统计测试结果的差异并做回归方程。结果一,指血、半自动生化仪与静脉血、全自动生化仪测定 BUN 存在统计学意义上的系统误差,但这种差异在临床意义上尚处于可接受范围,而且两者 BUN、CK 测试结果高度相关,直线回归方程分别为 Y=0.9716X+0.0309 和 Y=0.9586X+10.49。结果二,指血、干式生化仪与静脉血、全自动生化仪测定 BUN、CK 存在显著的统计学意义上的系统误差,但两者测试结果高度相关,回归方程分别为 Y=1.0408X+0.2549 和 Y=0.9229X-0.24(当 CK<500 U/L 时),Y=a bX Xc(当 CK>500 U/L 时)。建议对运动员用不同仪器进行上述指标分析时可适当参考各回归方程,以便做出统一性评价。
关键词:半自动生化分析仪;全自动生化分析仪;干式生化分析仪;血尿素氮;肌酸激酶
Abstract: To make a comparison and correlation between the level of blood urea nitrogen (BUN) & creatine kinase (CK) in finger blood monitored by semi-automatic chemistry analyzer or dry chemistry analyzer and those in venous blood monitored by automatic chemistry analyzer from same samples. Finger blood and venous blood from 40 cyclists were collected and tested for the level of BUN and CK. Finger blood was measured on MD-100 semi-automatic chemistry analyzer or refletron. sprint system, but venous blood on 7020 automatic chemistry analyzer. The result indicated that there was significant difference but significant correlation among there analytic methods. The linear regression equation is Y=0.9716X+0.0309 and Y=0.9586X+10.49 respectively for finger blood monitored by semi-automatic chemistry analyzer, while the linear regression equation is Y=1.0408X+0.2549 and Y=0.9229X-0.24 for finger blood monitored by automatic chemistry and dry chemistry analyzer. The regression equations may be helpful for the monitoring of sport training in athletes.
Key words: *semi-automatic chemistry analyzer; automatic chemistry analyzer; dry chemistry analyzer; blood urea nitrogen; creatine kinase*
中图分类号:G804.7　　文献标识码:A

1　研究目的

日常进行优秀运动员血尿素氮(BUN)、肌酸激酶(CK)检测时常由于测试样本不同而采取不同的测试方法或仪器。例如,取指血用 MD-100 半自动生化仪或在现场用便携式 Reflotron. sprint 干式生化分析仪测定,取静脉血用日立 7020 全自动生化分析仪测定。由于一些特殊的客观原因而不得不采取多种测试方法,但同时给测试结果的同一性比较带来了困难,并给后续的和深层次的科研服务工作带来一定技术难度。

本研究的目的是为了确定不同测定方式的结果之间是否具有可比性,并做出相关回归分析。出于实际工作的

收稿日期:2009-11-09;　修订日期:2009-12-05
基金项目:国家体育总局体育科学研究所基本科研业务费资助项目(基本 06-21)。
作者简介:李鹏飞(1977-),男,山西人,实验师,硕士,主要研究方向为实验室测试,Tel:(010)87182533,E-mail:lipengfei@ciss.cn。
作者单位:1. 国家体育总局体育科学研究所,北京 100061;2. 北京市芦城体育运动技术学校,北京 102612
1. China Institute of Sport Science, Beijing 100061, China; 2. Beijing Lucheng Athletics Technique School, Beijing 102612, China.

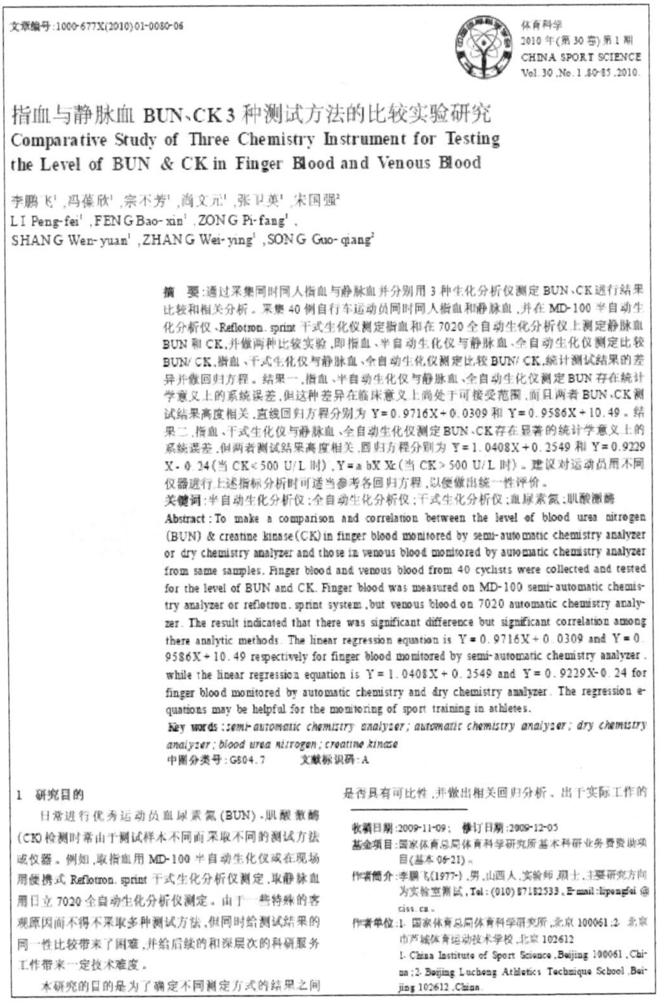

图 5-30　脚注实例

> 李鹏飞，等：指血与静脉血 BUN、CK 3 种测试方法的比较实验研究
>
> 述各相关回归方程以便做出统一评价。
>
> 参考文献：
> [1] 鲍峰,胡菊芳,朱世根.自动生化分析仪的发展[J].中国纺织大学学报,2000,26(4):103-105.
> [2] 鲍瀛,段樱,谭兵,等.干化学法与湿化学法测定结果的比较[J].哈尔滨医药,2008,28(5):6-7.
> [3] 冯连世,冯美云,冯炜权.运动训练的生理生化监控方法[M].北京:人民体育出版社,2006.
> [4] 冯连世,冯美云,冯炜权.优秀运动员身体机能评定方法[M].北京:人民体育出版社,2003.
> [5] 冯连世,李开刚.运动员机能评定常用生理生化指标测试方法及应用[M].北京:人民体育出版社,2002.
> [6] 封文平,冯连世,李开刚.酶偶联试剂盒法与干式生化分析法测定血清肌酸激酶、尿素的对比分析[J].中国运动医学杂志,2002,21(6):586-587.

图 5-31　尾注实例

　　下面以撰写小论文为例，介绍脚注和尾注的使用方法。在文章的首页插入对基金项目说明的方法为：将光标定位至文章的标题处，点击引用菜单→插入脚注，光标会自动跳转至脚注编辑处，录入文章的基金项目等信息，效果如图 5-32 所示。

> [1]基金项目：国家体育总局体育科学研究所基本科研业务费资助项目(基本 06-21)

图 5-32　脚注

　　如果论文中引用了文献的原文，需要在当前的脚注上指出其作者及出处，例如某论文引用了文章《信息技术与课程的全方位整合》中的信息技术分类的解释："信息技术可以分为：感测技术、通信技术、智能技术和控制技术。"则在此处需插入该文章的作者及出处，通过查询中国期刊网该文章的信息为：2010 年第 6 卷第 2 期 501 页，作者为熊仕阳，点击引用菜单→插入脚注，光标跳转至脚注编辑处，依次录入文章的相关信息，其结果如图 5-33 所示。

> 熊仕阳.信息技术与课程的全方位整合[J].电脑知识与技术,2010,6(2):501.

图 5-33　脚注

　　不同文献的标注需按照 GB3469－83 的规范，分别为 M(专著)、C(论文集)、N(报纸文章)、J(期刊文章)、D(学位论文)、R(研究报告)、S(标准)、P(专利)、Z

(其他文献类型);电子文献以双字母进行标识,DB(数据库)、CP(计算机程序)、EB(电子公告);非纸张型载体的电子文献,还需标明其载体类型,DB/OL(网上数据库)、M/CD(光盘图书)、J/OL(网上期刊)、EB/OL(网上电子公告)等。期刊论文的格式规范为:期刊作者.题名〔J〕.刊名.出版年,卷(期):起止页码;专著的格式为:专著作者.书名〔M〕.版本.出版地:出版者,出版年:起止页码;论文集的规范为:论文集作者.题名〔C〕.编者.论文集名,出版地:出版者,出版年:起止页码;学位论文的格式为:学位论文作者.题名〔D〕.保存地点.保存单位.年份;专利的格式为:专利文献题名〔P〕.国别.专利文献种类.专利号.出版日期;报纸的格式为:报纸作者.题名〔N〕.报纸名.出版日期;研究报告的格式为:报告作者.题名〔R〕.保存地点.年份;电子文献的格式为:作者.题名〔电子文献及载体类型标识〕.文献出处,日期。

学术论文的尾注一般为参考文献,是对文章中引用的相关文献的研究方法,研究思路或者研究结果的标注。注意尾注和脚注的区别在于,脚注是对文章原文的引用,而参考文献是对原文的间接引用。插入尾注的方法为:将光标定位至需要插入文献标注的位置,点击引用菜单下的插入尾注按钮,这时光标将自动跳转至文章的末尾处,在当前光标处插入对于文献的相关说明即可。

5.1.2.6 学位论文的目录

目录生成也是撰写学位论文非常重要的步骤。Word2007提供了自动生成目录的功能。具体操作步骤如下:在自动生成目录前首先得对论文中相关标题进行大纲级别的设定。Word2007提供1~9级的标题级别和正文级别。例如:将标题"学位论文的目录"设定为四级标题,其方法为,将光标移至该行的末尾右击段落—缩进和间距选项卡—大纲级别,在下拉列表中选择"4级"即可。大纲设置的结果可以通过大纲视图或者文档结构图看到。打开文档结构图的方法为:选择视图菜单下的文档结构图复选框,其结果如图5-34所示。文档结构图位于编辑区的左侧,点击文档结构图左侧的+、-按钮可以实现大纲视图的收缩。可以看到,文档结构图以层次级别来显示。

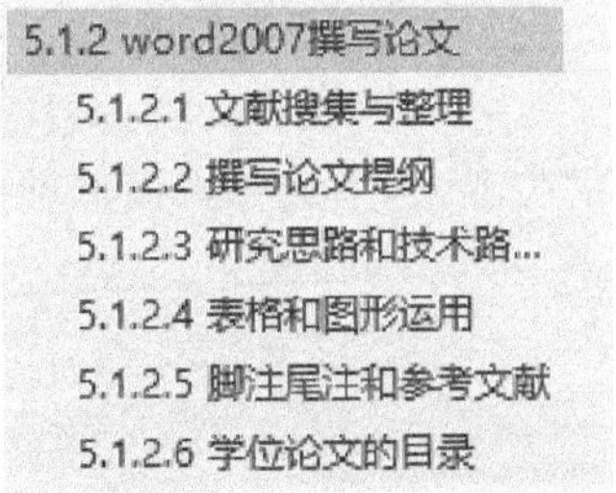

图5-34 文档结构图

依次对论文的标题设置不同的大纲级别后就可以自动生成论文目录了。生成目录的方法为:将光标定位至需要生成目录的地方,单击引用菜单下的目录→自动目录1,可生成目录,如果在后续的编辑中论文的目录有修改,只需更新目录,其方法为:点击生成的目录域,其以灰色背景显示,右击更新域,选择只更新页码或者更新整个目录,点击确定,便可实现目录的更新。自动目录的另外一个作用在于可以通过目录链接到文章的任意标题位置,其作法按住 Ctrl 键,并单击需要到达的标题文本,编辑光标点便可跳转至目标位置。需要指出的是,目录的文本格式、段落间距等还可以根据实际需要进行调整,重新进行设置。

5.1.2.7 学位论文页眉页脚

页眉用于标明论文的题目或者各分章节的题目、徽标等附加信息,页脚用于标明当前页面的页码、总页数,所在的章节、日期等信息。页眉位于论文页面的上部,页脚位于论文页面的下部。论文的页眉页脚可能是全篇都相同的,也可能是各章节不相同的。在双面印刷时,还需注意奇偶页的不同设置。例如,在为本文全文添加页眉"体育信息技术":点击插入菜单下的插入页眉按钮,从下拉列表中选择一种样式,这里选择"空白型",光标自动移至页眉编辑处,输入文本"体育信息技术",完成后双击文档编辑区的空白位置便完成了页眉的插入功能。完成后的效果如图 5-35 所示,如果要删除文档的页眉,双击页眉所在位置,自动打开设计菜单,选择页眉下拉菜单的删除页眉按钮即可,如果对页眉进行修改,可选择页眉下拉菜单的编辑页眉按钮。

图 5-35　插入页眉结果

为文档插入页码,选择插入菜单下的页码下拉菜单,并在其中选择页码插入的位置,这里选择页面低端中间位置,插入结果如图 5-36 所示。

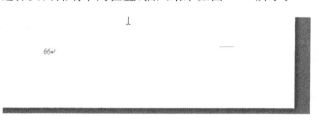

图 5-36　插入页码结果

为文档插入页脚"上海体育学院"和当前日期,其方法为选择插入菜单下的页脚子菜单,选择"拼板型",双击文档编辑区,回到编辑点,得到的最终结构如

第5章 体育信息展示技术

图 5-37 所示,若要修改或删除页脚可以双击页脚打开设计菜单,在页脚菜单下选择编辑页脚和删除页脚按钮。

图 5-37 插入页脚结果

5.1.2.8 学位论文的封面

学位论文的封面主要标识论文的题目、论文作者、作者所在单位、专业类别、指导老师、答辩日期、保密级别等信息。学位论文的封面在相关院校一般都有固定的格式。例如,上海体育学院硕士论文的封面样张要求如图 5-38 所示,只需点击相应的位置输入相关的信息即可。注意左侧的书脊采用的 Word2007 提供的艺术字功能,修改其中文本的方法为:双击该区域打开格式菜单下的编辑文字按钮,在弹出的编辑框中修改文字即可。

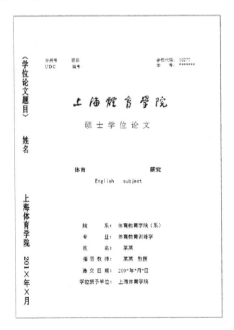

图 5-38 上海体育学院硕士学位论文封面

5.1.2.9 其他工具

在撰写学位论文的过程中,还会用到其他的工具,这里作简要介绍。首先要提到的是"字数统计"功能,为了控制行文篇幅经常会用到此项功能。使用方法为:审阅菜单下的字数统计按钮,显示文章的页数和字数等信息。"查找/替换"功能位于开始菜单下的编辑功能面板,但需要对文中的名称等进行批量更改时,使用该功能非常方便。"格式刷"可以将当前文本的格式应用到其他文本上,使用方法为首先选中源文本,点击开始菜单→剪贴板→格式刷按钮,这时鼠标标志变为刷形,按住鼠标左键在目标文本上拖动直至结束点,释放按钮便可实现格式复制的功能。"格式清除"功能,位于开始菜单→字体下的橡皮按钮可以清除选中文本的格式。"拼音指南"功能可以给出选中文本的中文拼音。"翻译"功能便于不同语言文本的转换。"简繁转换"功能可以实现简体中文和繁体中文间的转换。

5.1.3 Word2007 制定运动训练计划

运动训练计划是为实现训练目标而对训练过程进行的理论设计,运动训练计划是对训练目标的细化,是将其明确为具体操作细节的设计。科学的训练计划是在明确运动员的起始状态,客观分析训练环境和条件,并在科学的训练原则的指导下制定的。从某种意义上说,训练计划制定的科学性和合理性决定着训练过程的成败。由于运动的竞技状态受到多种因素的制约,其身体素质、心理素质、技战术素质等。因此运动训练计划需要兼顾多种素质的综合提高,体现其制定的全面性。运动训练计划不仅应有宏观的长远的考虑,还应有对于单项素质培养的具体细化。不仅应制定多年的训练计划,还应制定年度、阶段、周和天的训练计划。

鉴于运动训练计划对于训练过程的重要作用,教练员和运动员都将其作为设计训练过程的重要内容,运动训练计划过程已经成为运动训练专业学生的必修课。我国著名的运动训练专家田麦久先生将运动训练计划分为多年训练计划、年度训练计划、大周期训练计划、周训练计划和课训练计划,并提出了训练计划制定的 10 个要点和 4 个部分。有兴趣的读者可以参阅《论运动训练计划》一书。

以下训练计划的内容参考了上海体育学院跆拳道队侯盛明教练的训练计划教案。

5.1.3.1 制作多年训练计划

多年训练计划是对运动员某个年龄段内的训练规划,由于其时间跨度较长,因此在制定多年训练计划时,应对运动员的目前状态,可能达到的目标状态进行合理把握,其原则是宽、高、远,即制定的训练计划应有较宽的适用面,应站在充分挖掘的运动员潜能的高度,从长远发展来进行计划。因此年度训练计划以文字描述为主,一般不应包括细化的指标。

5.1.3.2 制作年度训练计划

由于竞技比赛具有年度周期的特点,因此制作年度训练计划是非常重要的。年度训练计划一般应包括运动员基本状况分析,预期年度达到目标,年度需要完成的基本任务,年度训练的基本思想,年度周期和阶段的划分,各阶段训练负荷的安排,要达到训练目标所要采取的手段等。

(1) 年度训练计划标题制作:年度训练计划内容有训练计划的名称、训练时间、队别、主教练和制定日期等。如输入下述文本:

运动队年度训练计划

2009 年 11 月 1 日至 2010 年 10 月 31 日

队　　别:跆拳道

主教练:某某

2009 年 10 月 20 日

将文本的标题大小设置为小初、黑体、分散对齐,选中所有的文本居中对齐。

运 动 队 年 度 训 练 计 划

2009 年 11 月 1 日至 2010 年 10 月 31 日

队　　别:跆拳道

主教练:某某

2009 年 10 月 20 日

(2) 年度训练计划正文的设计:内容有年度比赛目标、运动员基本情况分析、训练指导思想、存在问题及解决措施、年度训练周期划分等。插入 1 列 8 行表格,分别在第 1、3、5、7 行输入文本"年度比赛目标"、"运动员基本情况分析"、"存在问题及解决措施"、"训练指导思想",将光标移至第 2 行的底线,直到光标的形状变为"⇮",按住鼠标左键向下拖动直至达到合适的大小,依次对第 4、6、8 行执行类型的操作,得到表 5-3,在相应的表格中输入内容即可。

表 5-3　年度训练计划的主要框架

年度比赛目标
精英赛争取1人进入前三名。
运动员基本情况分析
A：专项身体素质良好，速度素质偏弱，有氧能力弱；战术运用能力较好，技术较单一，变化少，基本技术不扎实；心理素质好，场上情绪比较稳定。 B：专项身体素质较好，爆发力大，速度快，无氧能力偏弱；战术运用能力较好，基本技术不扎实。
存在问题及解决措施
1. 在巩固以成熟的训练方法和手段基础上，加强有针对性的训练方法和手段。 2. 继续加大基本功和基本技术训练，尤其是2分和3分技术训练。 3. 加强技战术合理应对能力。 4. 加强高低分转换能力。 5. 加强比赛节奏控制能力。
训练指导思想
1. 加强思想教育，保持"团队"精神。 2. 加强交流和沟通。 3. 坚持新"三重一大"训练原则，科学训练。 4. 加强技战术合理应对能力。 5. 加强旋转技术运用能力。 6. 加强高低分转换能力。

（3）年度训练周期划分：表5-4是跆拳道项目的年度训练周期划分，在本例中重点介绍斜线表头的做法：首先将光标定位至需要绘制斜线的单元格中，选择布局菜单下的绘制斜线表头按钮，弹出如图5-39所示的对话框，选择样式二，并在行标题中输入"月份"，数据标题中输入"内容"，在列标题中输入"阶段"。绘制的斜线表头如下表所示，在表格的其他位置输入文本得到表5-4。

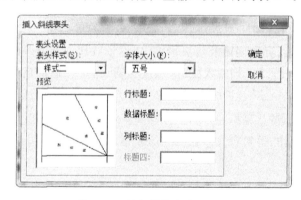

图 5-39　插入斜线表头对话框

第 5 章 体育信息展示技术

表 5-4 年度训练计划的周期划分

内容\月份 项目	11	12	1	2	3	4	5	6	7	8	9
阶段	赛前训练	精英赛	冬训	冬训赛前准备	锦标赛	调整	夏训				赛前训练
比赛日期											

5.1.3.3 制作阶段训练计划

阶段训练计划一般是为备战某项赛事的阶段性训练而制定的。阶段性训练计划的内容应包括对备战大赛队员现状的分析(身体机能、技战术、心理等)、对该项赛事对手的状态分析、亟待解决的问题分析、针对当前问题提出的解决方案等。阶段训练计划应有现状分析、目标任务、训练教案、训练强度和日程安排等。表 5-5 是击剑比赛某比赛阶段训练计划的划分,包括了时间段、工作内容和地点等。表格使用了 Word2007 预置样式(古典型 1),在首行和首列分别采用了该格式。

表 5-5 年度训练计划的周期划分

阶段划分	时间	内容	地点
前期准备			
训练前期			
训练中期			
训练后期			
赛前热身			
比赛			

5.1.3.4 制作周训练计划

周训练计划是对年训练计划或者阶段训练计划的具体细化,周训练计划的内容包括周训练的目标和任务,周训练内容和负荷的安排等(表 5-6)。不同的训练周应有针对性的制定不同的训练计划,如比赛前一周的训练计划应以强化为主,而训练后的一周则应以恢复为主,平时的训练周则应以加强基本功为主。

表 5-6 跆拳道项目周训练计划设计

周一	周二	周三	周四	周五	周六	周日
9:00~11:00 4000m	6:00~7:20 早操	6:00~7:20 早操	6:00~7:20 早操	6:00~7:20 早操	8:00~11:30 实战	休息
加强迎击能力	加强迎击能力	专项素质	爆发力练习	技战术分析	实战	休息
主要任务	加强迎击能力和基本技术;加强一般和专项身体素质;加强实战能力。				训练负荷	中

5.1.3.5 制作课训练计划

课训练计划是对上述各种周期训练计划的具体执行和实施,要求各项指标的细化,因此课训练计划在整个训练计划中起着非常重要的作用。课训练计划一般由准备部分、基本部分和结束部分组成。下面以乒乓球课训练计划为例来介绍制作课训练计划的方法。课训练计划首先应该包括训练计划的标题、训练计划的制订者、课训练的教练、队别及制定日期等。在 Word2007 中输入下述文本:

乒乓球课训练计划

主教练:王某某　队别　乒乓队　日期:×年×月×日星期四

选中上述文本,点击开始菜单下的居中格式按 ≡ 钮,得到的结果如下:

乒乓球课训练计划

主教练:王某某　队别　乒乓队　日期:×年×月×日星期四

然后给教练姓名、运动队名称和日期添加下划线,选中上述文本,点击 U 按钮,结果为:

乒乓球课训练计划

主教练:王<u>某某</u>　队别　<u>乒乓队</u>　日期:<u>×年×月×日星期四</u>

将训练计划的名称格式进行调整,结果如下:

乒乓球课训练计划

主教练:王<u>某某</u>　队别　<u>乒乓队</u>　日期:<u>×年×月×日星期四</u>

至此,训练计划的标题制作完成,接下来制作训练计划的基本部分,包括训练时间、总负荷、周次/课次等信息,插入 4 行 4 列的表格(图 5-40),依次录入文本,点击表格左上角的标志选中表格,在表格中的任意位置右击在弹出的快捷菜单中选择单元格对齐方式,下拉菜单中选择水平和垂直均居中,其结果如表5-7。

图 5-40　插入表格

表 5-7　课训练计划基本信息

训练课	技术、身体训练	其他教练	某某
课起止时间	8:00~8:45	课总时间	45分钟
周次/课次	1/2	课总负荷	大
应到人数	10	实到人数	10

在上述表格的最后一行中右击,在弹出的菜单中选择插入→在下方插入行,在第一列中输入文本"训练课任务",在第二列中输入文本"提高发球抢攻能力。",拖动鼠标,选中最后一行的第2、3、4列并右击在弹出的快捷菜单中选择合并单元格,得到的结果如表5-8所示。

表 5-8　课训练计划插入新行

训练课	技术、身体训练	其他教练	某某
课起止时间	8:00~8:45	课总时间	45分钟
周次/课次	1/2	课总负荷	大
应到人数	10	实到人数	10
训练课任务	提高发球抢攻能力。		

将光标定位至上述表格的最后一行,右击插入→在下方插入行,连续操作4次,则插入4个新行,选中新插入行的第一列,在布局菜单下选择拆分单元格按钮,在窗口中选择2列4行,执行类似的操作,将第2列拆分为5列4行,分别输入表头和表中内容结果如表5-9所示。

表 5-9 课训练计划基本框架

训练课	技术、身体训练	其他教练	某某
课起止时间	8:00～8:45	课总时间	45 分钟
周次/课次	1/2	课总负荷	大
应到人数	10	实到人数	10
训练课任务	提高发球抢攻能力。		

课结构	练习时间	练习手段	目的要求	运动量	运动强度	运动负荷

结果如表 5-10 所示表中文本的格式(如文字的字体、大小、颜色等)及布局(单元格的对齐格式等)均可通过右击快捷菜单进行修改,读者可以自行尝试修改。

表 5-10 完成后的课训练计划

训练课	技术、身体训练	其他教练	某某
课起止时间	8:00～8:45	课总时间	45 分钟
周次/课次	1/2	课总负荷	大
应到人数	10	实到人数	10
训练课任务	提高发球抢攻能力。		

课结构	练习时间	练习手段	目的要求	运动量	运动强度	运动负荷
准备部分						
基本部分						
结束部分						

5.2 PowerPoint 软件及其在体育领域的应用

PowerPoint 是微软公司 Office 系列中的一款专门用于制作演示文稿的电子软件,其特点在于"所见即所得"和强大的多媒体集成功能,即操作者可以实时预览软件操作的结果,在 PowerPoint 软件中,可以插入文本、图片、视频、音频、动画等多种格式,使制作的文档图文并茂、形象生动,方便地用于公司会议、课堂教学和商业产品推广等领域。1987年微软开发了Mac平台的1.0版本,1990年微软推出了基于Windows平台的PowerPoint软件。

在历经了PowerPoint95、PowerPoint98、PowerPoint2000、PowerPoint XP、PowerPoint2003等版本后,推出了PowerPoint2007,相比先前开发的版本而言,该版本的最大特点在于对动画的设置更加便捷、种类也更多,并包括了页面切换效果和动画效果两个方面。另外,其特点是增强了信息检索功能,方便用于检索PowerPoint内部信息源。PowerPoint演示文稿的制作方法已经成为了计算机基础操作的重要组成部分,在各级各类学校和培训的基础教程中都会介绍。

在学习PowerPoint前应该指出的是,演示文稿只是对制作者思路的归纳和总结,它是概要描述,而不是具体细节,因此在进行方案设计或者活动总结时,应以具体的策划书或者文本描述为准。制作演示文稿的另外一个倾向就是容易本末倒置,注重了形式而忽视了内容实质。主要演示文稿的制作是为了更加直观地向听众理解思路和想法,去获取讲解的内容,而不是为了欣赏演示文稿,因此在制作演示文稿时应力求简洁明了。

PowerPoint2007增强了许多自动功能,如在新建演示文稿部分就提供了许多制作完成的模块供制作者下载使用。这些自动功能的好处在于方便了用户操作,但现成的模板不一定适用于所有场合,这就要求在使用演示文稿模板时,应有所选择,使其适合所要讲解的内容和场合,在选择的同时还需要对现成的模板进行必要的修改,使其格式、颜色等与目标受众更加贴近。由于演示文稿场合的针对性,应特别注意考虑现场听众的背景特点。

在学习制作演示文稿之前,需要对Windows操作系统的基本操作有所了解,需要掌握基本的中英文输入方法,这两点在介绍Word2007的操作已经提及。另外需提及的是文档的版本问题,PowerPoint软件向下兼容,即在低版本的PowerPoint软件上制作的演示文稿可以在高版本的软件下打开,而高版本软件下制作的演示文稿在低版本的软件平台上不一定能够打开,为了解决兼容问题,PowerPoint2007具有文稿格式转换的功能。

5.2.1 PowerPoint软件基本功能

5.2.1.1 文件操作

(1) 软件打开与关闭:在开始菜单-程序子菜单下找到标志,点击可以打开PowerPoint软件,在桌面找到快捷方式双击也可以打开PowerPoint软件。PowerPoint软件的关闭可以在软件主界面的按钮下选择"关闭"或者直接点击软件的关闭按钮进行关闭。

(2) 建PowerPoint演示文稿:如果PowerPoint软件已经处于打开状态,可以选择Office按钮下的"新建"子菜单打开新建演示文稿对话框。在新建演示文稿对话框中,可以直接建立空白文档,或者通过PowerPoint2007提供自动模板来建立文档,模板分为已经安装在本地的模板和Office在线模板两种。另一种新建PowerPoint演示文稿的方法是在桌面空白处右击弹出快捷菜单,选择"新建""Microsoft Office PowerPoint演示文稿",然后双击打开该文档即可。

(3) PowerPoint演示文稿保存:单击快速工具栏的磁盘按钮,选择Office下的"保存"按钮,使用快捷键Ctrl + S这3种方式均可以保存当前演示文稿。另存为的作用主要在于保存当前演示文稿的副本,或者将当前演示文稿保存为相应的格式,初学者在使用保存和另存为功能时需注意两者的区别。为了提供演示文稿的兼容性,即演示文稿可以在不同的软件平台下打开,PowerPoint2007提供了以下几种格式支持:PowerPoint演示文稿、PowerPoint97-2003演示文稿、Open document演示文稿、JPEG图片格式、PDF文件格式、PowerPoint模板等。PowerPoint高版本均可以兼容低版本,但低版本的不支持兼容高版本格式,如PowerPoint2007保存文档的默认后缀名为.pptx,在低版本的PowerPoint软件下无法打开,所以在保存时一定注意保存的格式。这里对PowerPoint放映和PowerPoint模板两种格式进行简单介绍。PowerPoint放映格式可以直接进去预览状态进行放映,而PowerPoint原格式进入的是PowerPoint的编辑状态,PowerPoint放映模板是把当前演示文稿的结构和格式等信息保存下来,便于用于新的演示文稿的制作。PowerPoint 2007原格式是.pptx,PowerPoint2007放映格式是.pps,PowerPoint模板的格式是.pot,若对PowerPoint2007放映格式的文件进行修改,可将其后缀名直接更改为.ppt,演示文稿在安装有PowerPoint或者PowerPoint Viewer的系统上方可运行。

5.2.1.2 PowerPoint2007用户界面

PowerPoint2007的用户界面由Office按钮、快速工具栏、菜单栏、标题栏、功能面板、编辑区和状态栏组成,如图5-41所示。在编辑区光标闪烁的位置为当前编辑位置,可以在此处输入文本。功能区是在点击相应的菜单项后弹出的功能面板,图中所示为"开始"菜单的功能面板。

Office按钮下拉菜单为文件的功能,执行新建文件、保存文件、关闭软件等操作,快速工具栏用于定义使用频率高的软件操作,默认的快速工具为文件保存、撤销与恢复按钮,可以根据实际使用情况进行重新定义,其位置可以放置在两功能区下方或者功能区下方(图5-42)。

菜单栏提供所有的PowerPoint功能操作,开始菜单执行常用的文字格式、段落格式、绘图和幻灯片编辑功能,还可以进行文稿中文字的查找和替换选择功能(图5-43)。

第 5 章　体育信息展示技术

图 5-41　PowerPoint2007 用户界面

图 5-42　快速工具栏

图 5-43　开始菜单功能面板

通过插入菜单可以为演示文稿插入文本、表格、图片、声音、视频和其他对象,需要指出的是,演示文稿中的文本均是以文本框的形式出现的,需要在演示文稿的某处输入文字时,首先选择插入菜单下的文本框并在相应区域拖动,然后在文本框中输入文字即可(图 5-44)。

图 5-44　插入菜单功能面板

设计菜单主要是设置演示文稿的页面格式、主题和背景,点击设计菜单可以看到,PowerPoint2007 提供了较多种类的背景和样式供用户选择(图 5-45)。

图 5-45　设计菜单功能面板

PowerPoint2007 将动画作为一个独立的菜单进行了设计，这样更加方便了用户对演示文稿中动画的操作，动画效果包括了文稿中对象的动画和页面切换动画两种，图 5-46 为动画菜单的功能面板。

图 5-46　动画菜单功能面板

幻灯片放映菜单是为预览和播放演示文稿而设置的。PowerPoint 可以直接对监视器的分辨率进行设置（图 5-47）。

图 5-47　幻灯片放映功能面板

审阅菜单可以完成文字校对、繁简中文转换和批注等功能，还可以通过设置权限来保护演示文稿的信息，防止被修改等（图 5-48）。

图 5-48　审阅功能面板

PowerPoint2007 提供了多种视图来完成演示文稿的操作，大致分为前台视图和母版视图两种。前台视图又分为普通视图、幻灯片浏览视图、幻灯片放映视图和备注页视图4种。母版视图分为幻灯片母版视图、讲义母版和备注母版视图3种。普通视图是 PowerPoint 的编辑模式,在该视图下,可以增加或者删除幻灯片,也可以编辑每张幻灯片中的内容,浏览视图下,所有的幻灯片都以缩略图的形式显示在窗格中,这种模式的好处在于可以从整体上把握幻灯片的背景和模板等是否合适,幻灯片放映视图是为方便幻灯片的放映操作而设置的(图5-49)。备注页视图是为了方便用户编辑每张幻灯片的备注而设置的,在演示电子文稿时,备注页一般不在展示的窗口中出现,而是作为演讲人的发言稿隐藏的。母版可以看做是幻灯片的基本格调,如幻灯片的框架结构、背景颜色等。在使用系统自动提供的模板制作幻灯片时,往往需要在母版视图下对原始的模板进行修改,使得修改后的模板满足当前用户的要求。

图5-49 视图功能面板

视图菜单下还可以设置是否显示标尺和网格线,这是为方便用户幻灯片的结构而设置的,在进行文本和图片的混排时网格线很重要。显示比例功能块可以调节显示界面的大小,颜色功能块设置演示文稿的屏幕显示色调,使演示文稿以灰度、颜色、纯黑白3种模式来显示,但不对本身的颜色进行修改,另外视图菜单下还提供了窗口的设置功能。

5.2.1.3 PowerPoint2007 基本操作

(1)插入文本:PowerPoint2007 中的文本均以文本框的形式出现,形式为虚线边框矩形,点击矩形内部时,光标会定位至矩形框中并一直闪烁,等待用户输入文字。插入文本框的方式有两种:第一种方法是在插入新幻灯片时系统自动版式生成,其中会自动有文本框;第二种方法是选择插入菜单下的插入文本框按钮,选择横排文本框或者垂直文本框,这时光标的形状变为↓或者←。按住鼠标左键在幻灯片中拖动直至矩形为合适大小,释放鼠标左键,这样就生成了需要插入的文本框,点击文本框中的空白位置,光标开始闪烁,可以开始输入文字,图5-50分别为自动版式中的文本框和手动绘制的文本框,图5-51为横排文本框,文本框处于选中状态,在文本框的周围有矩形的小方块,拖动小方块可以调整文本框的大小。在文本框处于选中状态时,还可以通过格式菜单修改文本框中文字的格式。PowerPoint2007 还提供了插入艺术字的功能,即系统预置了一些文本的样式供用户自动生成相应的文字格式,其本质上也是一个文本框(图 5-52)。

图 5-50　自动版式中的文本框

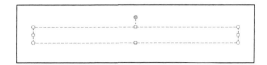

图 5-51　手动绘制的文本框

图 5-52　插入文本框按钮

（2）文本格式编辑:首先选中文本框,并拖动鼠标选择文本框中的文本,这时选中文本部分会以深色背景的形式显示(图 5-53)。在开始菜单下选择字体或者段落功能面板可以修改文本的格式(图 5-54),其操作和使用方法与 Word2007 基本类似,这里不再介绍。

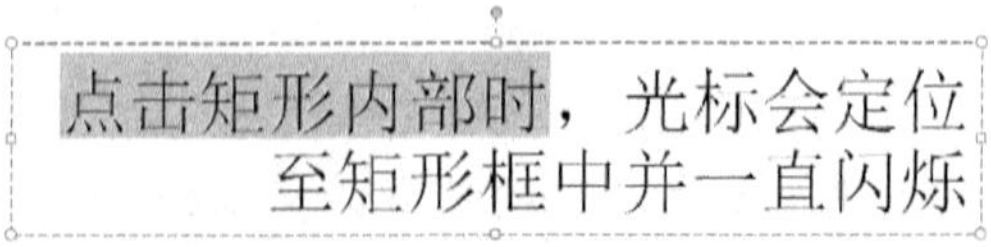

图 5-53　文本选中状态

第 5 章 体育信息展示技术

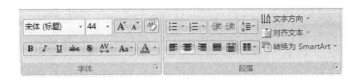

图 5-54　格式功能面板

（3）插入图片：图片操作是幻灯片学习和使用非常重要的环节。幻灯片中合理使用图片将会使幻灯片表达的效果大大提升。插入图片的方法是选择插入菜单下的图片按钮，弹出插入图片对话框，选择图片的路径和名称，点击插入便可完成操作（图 5-55）。在插入图片后需要对其大小、亮度、对比度、样式等进行修改，使其适合当前幻灯片的版面。插入图片后，会自动出现图片格式菜单，使用该功能面板可以方便地对图片的样式进行修改。可以看到 PowerPoint2007 中可以直接修改图片的形状、边框和效果等，也可以使用其预置的多种图片样式。

图 5-55　图片格式功能面板

（4）插入形状：PowerPoint 2007 提供了插入自绘形状的功能。系统提供了直线、箭头、矩形、圆形、星形等基本的绘图部件，用户只需稍加组合即可绘制生满足实际要求的图形。操作方法是，打开插入菜单下的形状子菜单，选择一种形状，这时光标变为"十"字形，按住鼠标左键拖动至合适大小并释放鼠标左键即完成了图片元素的绘制，双击绘制的图形会自动出现格式菜单，在此菜单下可以修改图形元素的颜色、边框、填充等样式，图 5-56 为 PowerPoint 2007 提供的基本形状。在选中图形元素时，其边框会出现小方块，拖动这些方块可以对图形元素的大小进行修改，通过图形格式菜单还可以对图形元素进行旋转、组合、对齐等操作。在选中图形元素的标准变为"✥"形状时，可以通过拖动鼠标或者上下光标键移动图形元素的位置，在选中图形元素时右击可以打开设置图形格式窗口，在该窗口中可以集中地对图形元素的格式进行修改（图 5-57）。在部分图形元素中也可以添加文字，其方法为选中图形元素后右键选择编辑文字，这时光标会在图形状元素中闪烁。在当前光标位置后输入

图 5-56　基本形状

文本即可(图 5-58),对于文本格式的设置方法在上一节已作介绍。

图 5-57　设置形状格式窗口

图 5-58　形状右键快捷菜单

图 5-59　直接插入影片菜单

(5)插入影片和声音:在幻灯片中插入影片的方法有两种:其一,是通过直接添加影片的方式,选择插入菜单下的影片→文件中的影片按钮,打开插入影片对话框(图 5-59),在其中选择影片路径及影片名,在影片被选中时,拖动影片周围的 8 个小方块可以调整视频的大小。在选项菜单中可以设置影片的放映选项、排列方式和大小等,还可以点击预览按钮观看插入影片的效果(图 5-60)。其二,是插入播放控件的方法。在采用这种方法插入时,首先得打开控件工具箱(PowerPoint2007 默认该功能处于关闭状态),其方法是点击 Office 按钮,在下拉菜单中选择"PowerPoint 选项",打开下图所示的 PowerPoint 选项窗口,在常规选项卡中选中——在功能区显示"开发工具"选项卡(图 5-61)。

图 5-60　影片选项菜单

这样在菜单栏中就会增加"开发工具"项,点击打开开发工具菜单,其功能面板如图 5-62 所示,在开发工具菜单中,可进行 VBA 开发,插入控件和文档画板等操作。

第 5 章 体育信息展示技术

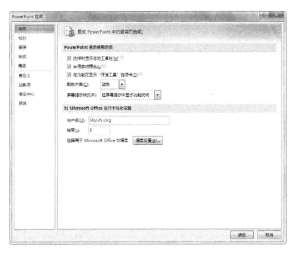

图 5-61 PowerPoint 选项窗口

图 5-62 PowerPoint 开发工具功能面板

点击控件功能面板中的其他控件按钮打开其他控件窗口,如图 5-63 所示,点击右侧的滚动条找到"Windows Media Player",点击"确定"按钮。这时光标变为"十"字形,按住鼠标左键在幻灯片中拖动直至合适大小的播放窗口出现并释放鼠标左键,其结果如图 5-64 所示。

图 5-63 PowerPoint 其他工具功能面板

体育信息技术

选中播放控件,其周围会出现 8 个圆形的句点,拖动该句点可以调整窗口的大小。在选中状态,右击快捷菜单中选择"属性"可以设置控件的相关属性,内容包括大小、位置、是否全屏播放、是否有效等,如图 5-65 所示。到目前的操作为止,仅插入了播放器控件,还没有链接到待播放的视频。添加视频和调节视频的操作需要接着打开自定义子窗口。方法是:点击自定义选项的右侧省略号按钮,弹出 Windows Media Player 属性窗口(图 5-66),在窗口中可以通过浏览来选择待播放视频,还可以通过控件布局、播放选项、音量设置等对相关内容进行设置。

图 5-64　插入 Windows Media Player 控件后的幻灯片

图 5-65　Windows Media Player 属性快捷菜单

第 5 章　体育信息展示技术

采用控件方式插入视频的好处在于可以通过播放工具条方便地对播放视频进行控制,播放、暂停、快进、快退等操作均比较方便。在播放幻灯片时,双击视频界面还可以将视频切换至全屏。

(6) 插入图表:PowerPoint2007 为方便用户操作,将图表样式直接与 Excel2007 进行了关联,即首先选择用户需要的样式,再通过与 Excel 的交互修改图表中的内容。其使用方法为选择插入菜单下的图表按钮,打开插入图表窗口,图表中提供了丰富的图标模板,有柱形图、

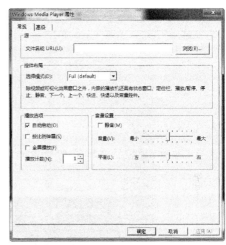

图 5-66　Windows Media Player 属性窗口

折线图、饼图、条形图等(图 5-67)。点击选中的图表样式→确定可以在幻灯片中插入图表。例如选择插入簇状条形图,得到的结果如图 5-68 和图 5-69 所示,系统自动弹出 Excel2007 应用程序供用户修改其中的类别和数据。

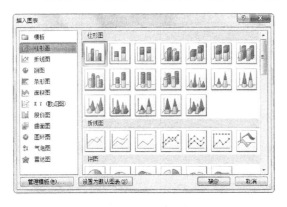

图 5-67　插入图表窗口

(7) 动画效果:PowerPoint2007 幻灯片中每个对象均是以图形元素的形式出现的,因此几乎所有的图形元素均可以设置动画效果。其使用方法为选中幻灯片中的任一图形元素,选择动画菜单下的自定义动画按钮,在界面右侧会出现自定义动画窗格,选择添加效果菜单可以定义当前图形元素的动画效果(图 5-70,图 5-71)。

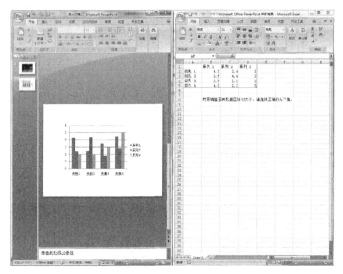

图 5-68　图表编辑窗口

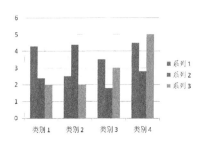

图 5-69　簇状条形图的效果

图 5-70　动画菜单

第 5 章 体育信息展示技术

图 5-71 自定义动画窗格

PowerPoint2007 预置了进入、强调、退出和动作路径 4 种动画效果供用户选择,在下拉子菜单中还可以设置图形元素动画开始的触发动作(进入页面时、点击鼠标时、退出页面时)、动画播放的时间、动画播放的速度和动画效果等。

(8) 页面切换:页面切换效果是指幻灯片之间切换时的动画效果,其目的是增加幻灯片的动感、强调部分讲授内容或者实现页面的自然过渡。其使用方法为动画菜单→切换到此幻灯片,其功能面板如图 5-72 所示,PowerPoint2007 预置了数十种页面切换效果,如飞入效果、擦除效果、溶解效果、回旋效果、梳理效果、百叶窗效果、推进效果、覆盖效果、条纹展开效果、圆形、菱形和加号效果等,用户可以根据自己的审美要求设置动画的切换方向,还可以设置页面切换动画的触发动作和页面切换动画的播放时间。

图 5-72 页面切换动画功能面板

(9) 应用模板:模板就是为整个幻灯片设置的基本样式,包括框架结构、背景图片、颜色配置等。PowerPoint2007 提供了若干种基本模板供用户选择使用。对于初学者来说,使用模板是快速学习的编辑途径。其使用方法为选中需要使用模板的幻灯片,选择设计菜单下的主题功能面板(图 5-73)。鼠标悬停至相应的模板效果时,系统会自动显示预览效果,图 5-74 所示为使用平衡模板的效果。

图 5-73　设计功能面板

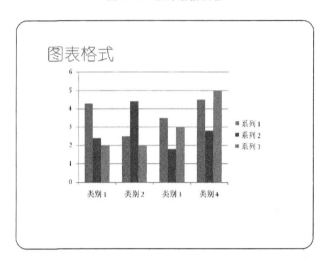

图 5-74　平衡模板效果

为了在更多的主题下通用,系统提供的模板可能在具体使用时,需要作一定的修改,其修改方法为,在视图菜单下选择"幻灯片母板"视图,打开图 5-75 所示的窗口,在该窗口中可以方便地修改幻灯片的模板,修改完成后点击"关闭母板视图"。

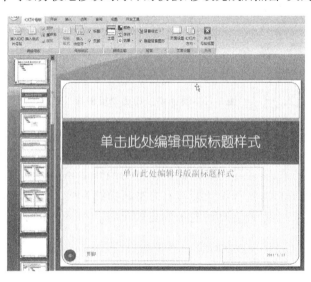

图 5-75　幻灯片母板视图

5.2.2 PowerPoint 制作比赛分析

2003年以来,多媒体比赛分析在国家乒乓球队、国家羽毛球队、国家网球队、国家排球队和国家击剑队的比赛备战中逐步开展,目前该方法已经推广至足球、篮球、拳击、跆拳道等项目,受到了广大教练员和运动员的一致欢迎。多媒体技术分析制作的方法和软件比较多,如会声会影视频编辑软件、Authorware、PowerPoint等,其中由于PowerPoint软件基于Windows平台,其操作方式与整个Office软件系列的方法类似,再加上其对于集成环境Excel等软件的支持,使其很快受到了科研人员的欢迎,并多次用于对手分析和比赛备战。用PowerPoint软件制作的多媒体比赛分析以其直观、形象、生动的形式在运动队得到推广使用,目前已经成为国家乒乓球队、国家羽毛球队等训练和比赛分析的重要工具。本节以球类项目为例介绍使用PowerPoint制作比赛技术分析的过程,重点学习插入文本框、图片、视频、动画等操作和格式、背景、母版的使用方法。

5.2.2.1 比赛分析的内容和结构

多媒体比赛分析可以从多个角度展开,可以分析比赛中运动员的心理变化特点、也可以分析运动员在某段时间内的身体机能指标、某场比赛的技术使用、比赛中战术运用等。因此在进行分析前首先应选择研究的内容。本文以比赛中的技术和战术运用为研究目标。在确定研究目标后,还应确定研究的展开形式,即研究的指标体系。如乒乓球项目的技术分析可以按照比赛的进程来展开,分别为发球技术、接发球技术、第三板技术、第四板技术和相持技术等,关键是考察各项技术的得分率和使用率等。

在进行多媒体比赛分析时,采用总-分-总的结构较多,即在比赛分析的起始阶段对全场比赛的总体数据进行罗列和阐述,形成对于比赛的整体印象,然后分别从各个方面展开,论述各项技术运用情况,最后对全场比赛的技术运动进行总结,指出运动员的优势和劣势。有的技术分析还会就比赛中存在的重要问题进行专题式研究,这样就形成了"总-分-总+点"的结构。例如,对某网球运动员的比赛分析从发/接发、5~8拍、9~14拍和15拍后展开,比赛分析首先从各段落的对比表格进行总述,点评比赛中存在的主要问题,然后分别展开,最后对总体技术发挥进行小结,其中还重点对其网前技术进行了分析;对某排球队的技术分析则采用了分述的结构,分别从发球线路和落点、各轮次进攻方法、主要队员进攻线路特点等方面展开;对某击剑运动员的技术分析则采用总-分-总结构,首先对运动员的得失分技术和部位进行总述,以表格方式呈现,然后分别从头部、躯干等部位分别分析其得失分的原因,最后对总体的技术使用情况进行总结,因此具体采用何种结构需根据具体要求和目的而进行。

5.2.2.2 比赛分析首页制作

首页应说明比赛分析的内容、研究对象、制作者、制作日期和地点等。首页的制作应简洁明了，突出重点，最后能插入分析对象的照片等。下面介绍其制作方法：点击 Office 按钮新建，打开新建演示文稿窗口，选择已安装的主题-纸张主题，点击确定得到使用了纸张主题的幻灯片。点击主标题文本框，在其中输入"澳大利亚网球公开赛"，点击副标题文本框，在其中输入"运动员 A vs 动员 B 技术分析"，插入文本框，在其中输入文本"中国网球队"，插入文本框，在其中输入文本"2008 年 4 月"，选中"中国网球队"文本框点击开始菜单下的分散对齐按钮，拖动文本框至合适大小。点击插入菜单下的图片按钮，选择 A 和 B 的照片点击打开，则图片已经插入幻灯片中，选中这两张照片，点击格式菜单，打开图片样式功能面板，点击棱台矩形按钮，分别选中两张照片，调整使其至合适位置和大小，这时图片的处理已经完成。选择插入菜单下的形状——直线，在两张图片的中间插入一条直线，选中该直线，从格式菜单下选择形状样式功能面板，在其中选择粗线-强调颜色 2。可以看到，首页分别说明了比赛分析的对象，比赛的时间地点，制作比赛分析的作者及制作日期，比赛简洁全面。

5.2.2.3 比赛分析中表格的使用

接上例，在开始菜单下选择新建幻灯片按钮，选择标题和内容样式，得到图 5-76 所示的幻灯片，点击"单击此处添加标题"文本框，在其中输入文本"双方不同段落得失分比较"，在"单击此处添加文本"中插入 4 行 7 列的表格，将第 1 行的 2、3 列，4、5 列，6、7 分别合并成 1 列，其操作方法为：选中第 1 行的第 2、3 列，右击快捷菜单中选择合并单元格，其他几列的合并方法类似。分别输入文本和数字，并拖动表格周围的点状按钮调整表格大小，得到的结果如图 5-77 所示。

图 5-76　标题和内容幻灯片

第5章 体育信息展示技术

从表格中可以方便地对A、B双方在前4拍、5～8拍、9拍以后3个阶段的得失分情况进行分析。对该表格稍作加工其数据更加能说明问题,将光标定位至最后一行,右击快捷菜单中选择插入→在下方插入行,在第1列中输入文本"总计",分别合并2、3列,4、5列,6、7列,在其中计算总分,得到如图5-78所示的表格,可以看到前4拍和5～8拍的使用率基本持平,而8拍以后的使用率则较低,通过相关的计算还可以得出其他结论,读者可以揣摩使用。

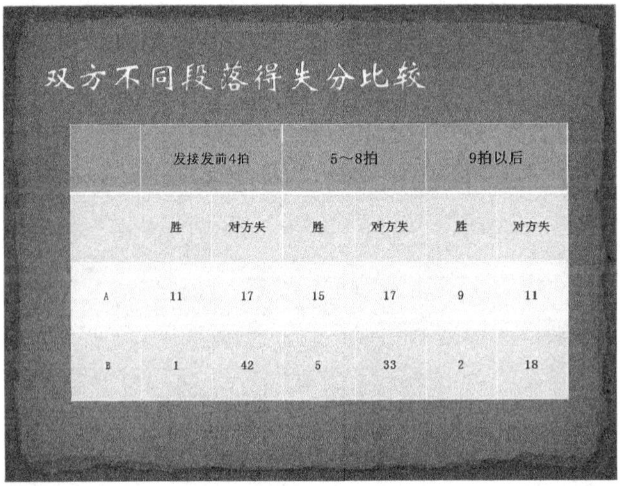

图 5-77 插入表格的幻灯片

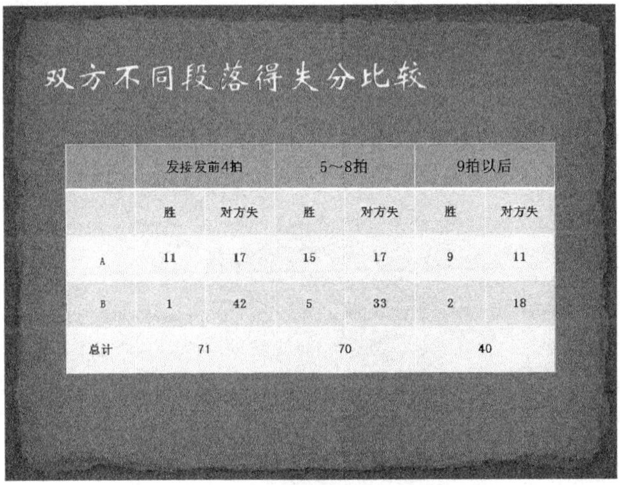

图 5-78 修改表格后的幻灯片

5.2.2.4 比赛分析中图表的使用

当比赛分析中需要对数据进行比较分析时,可以选择运用表格和图表,关于表格的使用方法在上一部分已经作了阐述,这里接上例介绍使用图表的方法。上例中可以对前4拍、5~8拍、9拍以后的数据进行对比分析,这时可以使用饼图。首先新建幻灯片并选择标题与内容版式。标题中输入文本"比赛中各阶段得失分布",在内容框中点击插入图表,在插入图表窗口中选择饼图-三维饼图(图5-79)。点击确定,得到图5-80所示的界面,将Excel表格中的销售额修改为球数,第一季度修改为"发球及前4拍",第二季度修改为"5~8拍",第三季度修改为"8拍以后",并删除第四季度所在行,修改相应的球数,得到的结果如图5-81所示。可以看到,饼图对于具有比例结构的数据表现更形象直观。

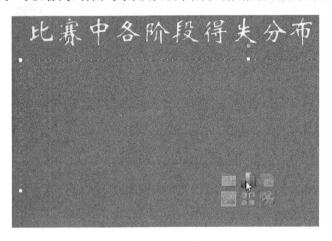

图 5-79 插入图表选择

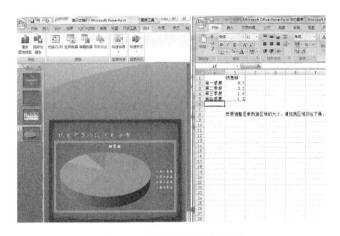

图 5-80 图表数据修改界面

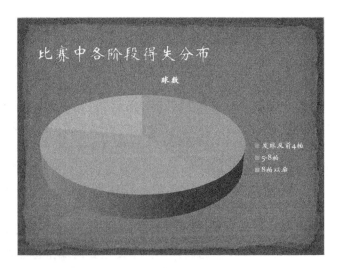

图 5-81 插入饼图效果

5.2.2.5 比赛分析中视频的使用

数据说明若能辅以比赛视频将使比赛分析更具有说服力。因此,在进行多媒体技术分析时,经常需要在幻灯片中插入比赛的视频。插入视频的方法有两种方法,这些内容在上述 PowerPoint 的基本操作已作介绍,这里重点介绍布局方式,分别有标题-图表-视频式、标题-文本-视频式,前一种方式是用图表来描述视频中说明的问题,而后者则用文字直接说明视频中所述内容。需要指出的是,直接插入视频的方式,视频位置往往是绝对路径,幻灯片的位置发生改变时,常导致幻灯片中的视频不能正常播放,解决该问题的方法是使用相对路径。

5.2.3 PowerPoint 软件制作答辩演示文稿

5.2.3.1 答辩演示文稿的内容和结构

撰写学位论文并进行论文答辩是研究生培养的重要环节,而制作电子演示文稿是答辩的重要步骤,在学位论文的开题、中期汇报及答辩等培养环节均需制作电子演示文稿,PowerPoint 是制作电子演示文稿的常用工具,下面介绍采用其制作学位论文答辩电子文稿。

答辩演示文稿基本与学位论文的结构类似,主要内容包括论文的研究背景、论文的研究思路、研究对象与研究方法、研究结果与结论、论文的创新点及致谢等。论文的研究方法与研究结果结论是在演示文稿中需要重点介绍的内容。硕士学位论文答辩的陈述时间一般为 10~15 分钟,博士学位论文的答辩陈述时间一般为 25~30 分钟,硕士学位论文答辩演示文稿应以 20 张左右为宜,博士学位论文答辩演示文稿应以 30 张左右为宜，制作的过程中可以根据实际情况进行设计。

学位论文演示文稿可以分为演示文稿首页、演示文稿大纲页、学位论文的背景页、学位论文研究对象与研究方法页、研究思路页、研究结果页、研究结论页、致谢页。首页主要说明论文的研究题目、论文的作者、论文的指导老师、报告人的联系方式等。背景页主要通过分析国内外研究的现状指出学位论文研究的意义。研究对象与研究方法页用于指出论文的研究对象与研究方法，研究思路通过流程图的形式指出论文的结构与思路。研究结果页以列表的形式指出论文的研究结果，研究结论页指出论文的结论。致谢页对指导教师和论文撰写过程中给予帮助的相关人员进行感谢。

制作演示文稿的步骤分别为：制作演示文稿的母版（标题母版和内容母版）、首页制作、文稿大纲制作、论文思路制作等。主要用到的操作有母版制作、插入文本框、插入图片、插入表格、插入视频等。在制作 PPT 时需要注意的是：

- 论文背景最好使用朴素的色彩，以蓝色或绿色背景配白色字体为宜。
- 框架结构要合理，页眉高度最好为页面高度的 1/7。
- 中文字体建议使用黑体、幼圆或雅黑等。
- 英文字体用 Arival 和 Calibri。
- 20 号左右的字体较为适宜，14～16 稍小，12 号以下不建议使用。
- 行距建议使用＞1.5 倍，单页行数以＜10 行为宜。

5.2.3.2 幻灯片母版制作

母版是对演示文稿整体框架结构的设计，分为标题母版和内容母版两种，在使用 PowerPoint2007 制作演示文稿时首先需制作基本模板，系统会根据基本母版生成标题幻灯片母版、标题和内容模板、节标题母版、两栏内容母版、比较母版、仅标题模板、空白模板、内容与标题模板、图片与标题模板、标题和竖排文字模板、垂直排列标题与文本模板、标题、文本与图表模板和内容模板等，用户还可以根据自己的要求对自动生成的模板进行重新定义。

打开母版视图的方法是在视图菜单下找到"演示文稿视图"功能面板，在其中点击打开幻灯片母版视图。打开的母版视图如图 5-82 所示，左侧为各模板的缩略图，点击可以打开相应的版式进行修改，菜单栏可以选择母版的版式、背景等。中间部分为母版的编辑窗口，可以在其中进行相应的修改操作。

进入幻灯片母版视图后首先设计演示文稿的结构，并将演示文稿分为页眉、页脚和内容 3 个部分。页眉用于显示演示文稿的节标题、页脚页用于展示演示文稿的作者和联系方式。内容部分用于显示具体的演示内容。选择插入菜单下的图片按钮，插入已经制作好的页眉图片并调整图片的大小和位置。

第 5 章 体育信息展示技术

图 5-82 幻灯片母版视图

下面插入页脚,点击插入形状菜单下的矩形按钮,在页脚位置拖动至合适大小,双击插入的矩形会出现格式菜单,点击形状填充按钮,选择绿色作为填充色(图 5-83)。

打开形状轮廓按钮选择无色(图 5-84),为页面添加节标题、在页眉插入作者单位及联系方式,并插入单位的徽标,关闭母版视图,幻灯片的母版制作完成。

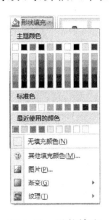 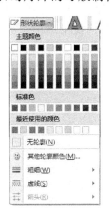

图 5-83 形状填充　　　　　　　　图 5-84 形状轮廓

5.2.3.3 首页制作

首先插入新幻灯片,在该幻灯片上右击快捷菜单中选择版式下的标题幻灯片,主标题框中输入"乒乓球运动员直板打法的技术研究",设置字体格式为:黑体、36 号,输入作者"王某某,指导教师,李某某,日期 2010 年 6 月",调整字体为:宋体,24号,结果如图5-85。

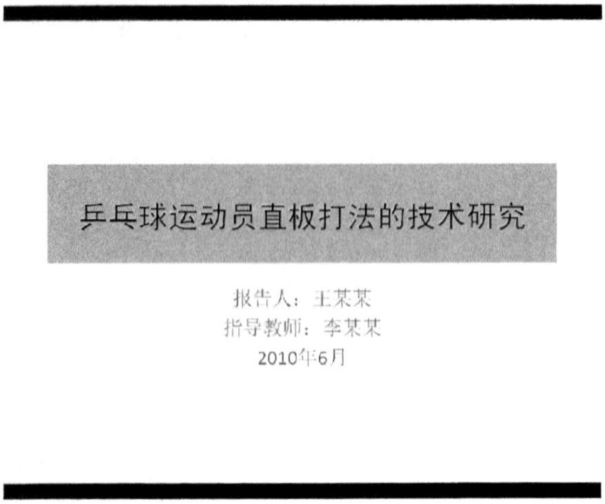

图 5-85　幻灯片首页

5.2.3.4　论文提纲制作

插入新幻灯片,设置幻灯片的版式为标题和内容版式(图 5-86),在标题文本框中输入文本"报告内容",设置其格式为:宋体、44 号、黑色、居中对齐,在内容框中输入"研究的背景与意义、研究对象与方法、研究结论及创新点、研究局限及展望"设置字体格式为:幼圆、黑色、32 号、加粗、1.5 倍行距、左对齐,选中输入文本并从右击快捷菜单中选择项目符号,选择带填充效果的圆形项目符号。

报告内容页设置结果如图 5-87 所示。

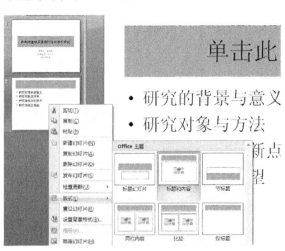

图 5-86　版式选择

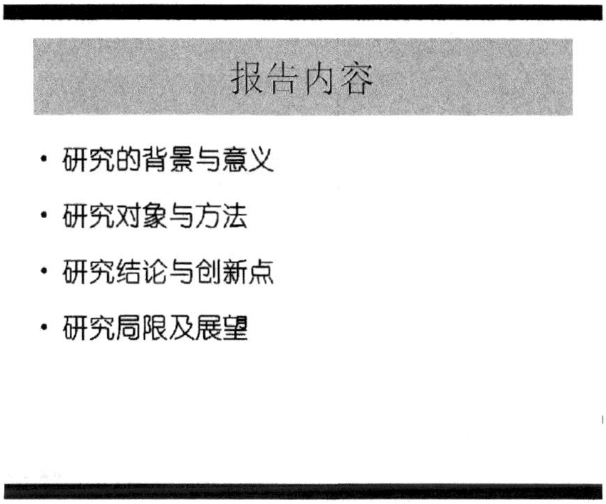

第5章 体育信息展示技术

报告内容
- 研究的背景与意义
- 研究对象与方法
- 研究结论与创新点
- 研究局限及展望

图 5-87　报告内容页

5.2.3.5　研究对象页

首先新建幻灯片并输入本幻灯片的标题"研究对象"设置其格式为：黑体、44号、白色、左对齐。本论文的研究对象是世界排名前茅的优秀直板和横板乒乓球运动员，为了让观众有比较只管形象的认识，采用运动员图片的形式来进行展示。因此，在本部分主要用到插入图片和编辑图片的操作。插入图片的方法为：将编辑点定位于需要插入图片的位置，选择插入菜单下的图片按钮，在其中选择相应运动员的照片，这里将中国和外国的男子和女子乒乓球运动员进行了分类，插入图片后可以通过双击图片打开图片工具菜单栏来对图片的大小、位置、亮度和对比度等进行操作。为了方便进行图片操作经常需要用到组合动作，其好处是可以将几张不同的图片捆绑在一起，便于进行图片整体大小的调整和位置移动等。其使用方法为：拖动鼠标选中需要组合的几图片，在右键快捷菜单下选择组合菜单，在其中选择组合。进行相应的设置后得到研究对象页。

5.2.3.6　研究思路页

首先在页眉部分输入幻灯片的标题"总体思路"，设置其格式为：黑体、44号、白色、左对齐。在论文的研究思路中主要用到制作流程图的操作，首先插入4个矩形框，分别输入文本"比赛录像"、"指标体系"、"直板横板比较"、"打法趋势"，插入箭头将4个文本框相互连接，设置文本框中字体格式为：幼圆、20号、黑色、加粗，将文本框的填充颜色设置为淡红色。进行上述操作后得到的幻灯片页可以看出以流程图的形式可以清晰地看出论文的思路。

5.2.3.7　研究结果与结论页

研究结果与结论的展开一般以简短的文字、表格或图片的方式进行阐述，需

要用到的操作有文本框的插入与文字格式的设置,图片的插入与相关设置,表格的插入与相关设置,需要指出的是,在使用表格时,表格的设置应力求简洁,一张表格表达的内容不应过于复杂,图片应选高质量的、高精度的。

5.3 视频播放技术

视频作为多媒体中的一员,在我们的日常生活中已经应用非常普遍。视频可以理解为运动的图片,它与文字、声音、图像、动画并称为多媒体。

5.3.1 常见视频格式

由于不同软件公司或者开发联盟设置了不同标准以及不同的使用领域而出现视频格式的多样性。例如,微软公司以 ASF 和 WMV 格式为主,Networks 公司则主打 RM 和 RMVB 格式,美国苹果公司主推 MOV 格式等。近年来,由于互联网技术的普通推广和广泛使用,流媒体视频格式成为视频格式中的新宠。如 FLV 格式就在相关的视频浏览网站得到大范围推广。

5.3.1.1 WMV/ASF 格式

WMV,即 Widows Media Video,是由微软公司推出的可以在本地和网络上实时观看的视频格式。它是一种流媒体格式,是微软公司 ASF 格式的升级版,能在较小的数据容量下获得较高的视频播放质量。WMV 格式是一种音频和视频交错存储的视频格式。该格式经常需要加载许可证才可以观看,默认采用 Windows Media Player 播放器来播放。该视频格式的优点是压缩率高,便于用 Windows 系统自带的视频编辑软件进行处理和播放。其缺点是高度依赖于 Windows 平台,而且有传输延迟。WMV-HD 是微软公司在 WMV 的基础上开发的一种高清视频格式,其基于 WMV9 标准开发,压缩率高而且画质清晰,优于同时代的 MPEG2 格式。

5.3.1.2 AVI 格式

AVI 格式,即 Audio Video Interleaved,音频视频交错格式,它于 1992 年由微软公司推出,由于其首次将音频和视频结合在一些进行播放并将音频和视频统一进行存储,方便了视频的传输和推广,一经推出就受到欢迎。过去的 AVI 文件是不经过压缩的,这就导致了视频体积过于庞大并且分辨率不够高。现在的 AVI 格式大多采用了各种压缩算法,使其在保持画质的前提下缩小占用容量。但由于采用不同的视频压缩算法,压缩标准不统一,出现了播放不兼容的情况,如经常在高版本的 Windows Media Player 不能播放低版本的 AVI 视频格式。

5.3.1.3 RM/RMVB 格式

RM 格式,即 Real Media,是由 Networks 公司开发的视频格式,是流媒体格式开发的创始者,该格式主要解决了在低速率网络上视频传播的难题,实现了边传边播的视频点播方式。边传边播的方式如今已经在各大在线视频网站得到大规模的推广和使用。该视频格式还可以根据网络带宽的不同自动调整视频压缩的比率,从而使视频在网络速率不稳定的条件下实现连续播放。

RMVB,即 Real Media Variable Bit,采用动态码率编码的 RM 格式,即采用 Real 9.0 编码方式,其目的是尽量使用低码率获得较高的画质。具有 DVD 画质的 90 分钟的视频,采用 RMVB 格式编码大概只有 300~400 兆。RM 和 RMVB 格式使用 Real Player 播放进行播放,使用 Real Producer 软件进行编辑。

5.3.1.4 MOV 格式

MOV 格式,即 QuickTime 视频格式,是由苹果公司开发的一种视频格式,目前可以支持 Mactonish、PC 平台和各种移动平台。

5.3.1.5 FLV 格式

Flash Video 格式的简称,是目前在互联网平台上使用最多、最广泛的视频格式,它具有体积小、传输速度快、CPU 占有率低、视频质量高的特点,而且不要本地安装播放软件,目前被主流的视频网站所采用,如 YouTube、优酷、土豆网就采用该视频格式。

5.3.1.6 MPEG 格式

Moving Pictures Experts Group/Motion Pictures Experts Group,运动图像专家组的缩写,该专家组涵盖了音频、视频系统的专家,负责为 CD 建立相应的视频和音频标准。1992 年制定了 MPEG-1(ISO/IEC11172)标准,可以支持盒式录音带和 VCD 等。1994 年推出了 MPEG-2,具有更高的图像质量和较高的传输率,可以达到每秒 3~10M 的速度。1998 年推出了 MPEG-4 标准,其利用很窄的带宽和帧重建技术,力求用较小的数据容量获得较高的图像质量,主要用于视频通话、视频电子邮件等对视频质量要求不高的领域。目前手机、平台计算机等大都支持这种视频格式。需要指出的是,我们常说的歌曲格式 MP3 并不是 MPEG-3 的缩写,而是 MPEG-1 Layer3 音频数据压缩技术的缩写。

VCD 视频格式也是 MPEG 视频格式的一种,它是将视频采用 MPEG-1 算法进行压缩,并通过相应的写入设备存储在 CD 盘片上。这种盘片可以在 VCD 播放机、CD-ROM 等设备上进行播放。

5.3.1.7 DIVX 格式

DIVX 是一种采用 MPEG-4 算法对 DVD 中的视频文件进行压缩、采用 MP3 或者 AC3 算法对 DVD 中的音频进行压缩,并将音频与视频合并加上相应的字幕形成的一种视频格式。其画质与 DVD 比较接近但体积只有 DVD 的几分之一。

5.3.1.8 VOB 格式

VOB 格式本质上是一种 MPEG-2 视频格式,该格式一般存在于 DVD 光盘中,只不过其中还增加了 DVD 中的菜单等画面内容。

5.3.2 视频播放工具软件

从上节的介绍中可以看到,视频格式的种类比较多,开发视频格式的公司不同,编码算法也不尽相同,因此播放软件也是不同的。本节主要介绍暴风影音视频播放软件、Windows Media Player 播放器、Real Player 播放器、QuickTime 播放器等。

5.3.2.1 暴风影音播放器(图 5-88)

暴风影音是由北京暴风网际科技有限公司开发的一款集成了多种视频解码器的全能型视频播放软件,支持常见的视频和音频格式,如 Windows Media 视频、Windows Media 音频、Real 视频、MPEG 视频、MPEG 音频、DVD、MP3、QuickTime 格式、Flash 文件等。同时支持离线本地观看视频和在线观看视频。最新版本的暴风影音采用左眼专利技术,有效利用 CPU 和 GPU 提升画质,采用 SHD 专利技术,可以在 1M 的带宽下流畅播放 720P 高清视频,采用智能 3D 技术,完美支持 3D 播放,采用 HRTF 和后期环绕技术,完美还原最真实的现场音效。同时暴风影音还开发了暴风无线系列软件,支持安卓、iphone 和 ipad 平台,其官方数据表明,暴风影音每日为 1.8 亿用户提供 1.5 亿次在线服务。暴风影音还为用户开发了全能视频格式转换软件—暴风转码,方便用户在不同的视频之间进行格式转换。

图 5-88 暴风影音主界面

第 5 章　体育信息展示技术

单击主界面右上方的菜单按钮可以打开主菜单(图 5-89),执行打开文件、文件夹、URL 操作,打开最近播放列表操作,播放/暂停操作,显示设置,DVD 导航操作,高级选项设置等。屏幕右上角的按钮执行主界面的最小化、最大化和关闭等操作。主界面右下角的按钮分别执行播放列表、暴风工具箱和暴风盒子的打开和关闭操作,工具栏执行视频播放、暂停控制和音量控制。点击屏幕正中央的打开文件按钮可以对选择文件或者文件夹选定视频进行播放。播放过程中将光标指向播放窗口时,将出现工具,实现对播放窗口的控制,分别是全屏播放、最小化播放、1 倍大小播放、2 倍大小

图 5-89　暴风影音主菜单

播放和置顶播放,选择置顶播放时,播放窗口将位于所有应用程序显示的最上层。播放过程中还可以随时拖动工具条对播放的进程进行控制,点击屏幕也可以执行视频的播放和暂停功能。点击播放窗口出现的工具条可以分别对视频的画质、音质和字幕进行手动调节。在视频播放过程中,可以按下快捷键 F5 进行屏幕截屏。暴风影音支持 16:9、5:4、4:3 等视频播放比例,支持立体声、5.1 环绕立体声、杜比环绕声等音效,支持播放过程的记忆,支持视频片段的截取、视频格式的批量转化等操作。

暴风转码支持超过 500 种视频格式之间的转换,它采用了英伟达公司的 CUDA 技术,加速视频转换(图 5-90)。同时该软件还支持视频片段的截取功

图 5-90　暴风转码界面

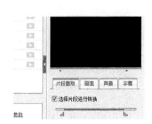

图 5-91 视频片段截取界面

能,在转换过程中可以实现实时预览(图 5-91)。点击"添加文件"按钮弹出添加文件对话框,进行输出格式和输出路径设置,点击"开始"按钮,转换过程自动开始执行。

5.3.2.2 Windows Media Player 播放器

Windows Media Player 是由微软公司开发的一款免费音频、视频播放软件,支持音频、视频的播放、刻录、翻录、与移动设备同步和传送等功能,是 Windows 操作系统的重要组件之一。单击屏幕右下角的 按钮可以在最小化和最大化界面间进行切换。需要打开视频或者音频文件时,将文件直接拖动至播放窗口即可(图 5-92)。

图 5-92 Windows Media Player 主界面

最小化界面如图 5-93 所示。打开 Windows Media Player 播放器时,软件会自动搜索媒体库中的多媒体文件,默认的媒体库位置为我的图片、公用图片、我的音乐、公用音乐、我的视频和公用视频文件夹。

在组织菜单下可以设置其他媒体库的位置(图 5-94)。

5.3.2.3 Real player 播放器

Real player 是一款由 Networks 公司开发的可以在线收看收听音频、视频的多媒体工具,支持 Rm、Rmvb、Flash 等视频格式。该软件实现了即传即看的在线多媒体传输模式,在较窄带宽下也能实现音频、视频的实时浏览。图 5-95

第 5 章 体育信息展示技术

图 5-93　Windows Media Player 最小化界面

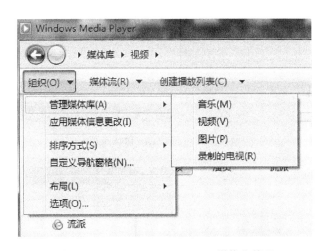

图 5-94　Windows Media Player 媒体库管理

为 Real player 播放器主界面，分别有现在播放、影视、媒体中心和刻录 4 种模式，现在播放模式为当前执行的视频或者音频播放界面，影视模式为在线浏览多媒体模式，媒体中心可以搜索和浏览当前 PC 上的音频和视频，刻录模式执行音频 CD 和数据 CD 的刻录功能（图 5-96，图 5-97）。

Real Player 可以在线浏览视频，并可将视频下载到本地离线播放（图 5-98）。Real Player 还支持将下载的视频由 Rmvb 格式转换为其他格式（图 5-99）。

体育信息技术

图 5-95　Real Player 播放器主界面

图 5-96　Real Player 媒体中心

图 5-97　Real Player 刻录模式

第 5 章 体育信息展示技术

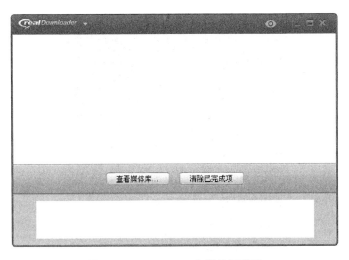

图 5-98　Real Player 多媒体下载器

图 5-99　Real Player 多媒体转换器

上述转换器可以将视频转换为 PC 和移动设备使用的 3GP、WMV、H.264 等格式。

Real Player 软件套装中自带多媒体修剪器可以对视频执行裁切并保存为 MP4 格式的功能（图 5-100）。

图 5-100　Real Player 多媒体修剪器

5.3.2.4 QuickTime 播放器

QuickTime 是一款跨 Mac Os 和 Windows 的多媒体平台,它支持流媒体、多媒体广播和渐进式下载方式,是在线和离线播放多媒体的优秀平台。目前,其支持 H.364 视频压缩格式,能以较小的存储容量获得较高的视频质量。QuickTime 由苹果公司开发,不仅是一个多媒体播放器,也是一个多媒体开发平台,支持多媒体编辑、开发、压缩和发布功能,专业版还具备了用户编程开发的能力。专业版拥有更多的视频编辑和处理的功能,如视频另存为其他格式、导出视频、视频片段的剪切复制粘贴、视频片段循环播放等功能(图 5-101)。

图 5-101　QuickTime 专业版部分功能

5.3.3 视频编辑软件

5.3.3.1 Windows Live 影音制作软件

Windows Live 影音制作软件是由微软公司开发的一款适用于家庭操作的视频制作软件,具有视频的剪切功能,视频简单特效处理功能,以及视频、音频的混编功能等,由于其软件功能集中,符合 Windows 用户的操作习惯,已经推出就受到了用户的欢迎。图 5-102 是 Windows Live 影音制作软件的操作主界面。在早期的 Windows 版本里集成了影音制作软件,不需要用户自行安装,其名称为 Windows Movie Maker,在 Windows Vista 和 Windows 7 平台上没有直接集成影音制作软件,需要下载 Windows Live 软件集成包进行安装。虽然版本和名称不同,但软件功能和基本操作大体相似。

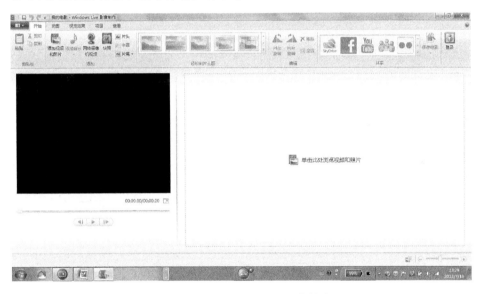

图 5-102　Windows Live 影音制作软件主界面

5.3.3.2 Windows Live 影音制作功能

软件操作包括视频采集、视频导入库、视频剪切、视频过渡效果制作(图 5-103)、视频字幕制作与添加、视频导出等操作。视频采集是指从数码 DV 上采集视频使其数字化,该功能需要 PC 支持视频采集功能,即需要安装相应的视频采集卡才可以。选择添加视频和照片功能可以将外部视频、图片和音乐导入到影音库中。

体育信息技术

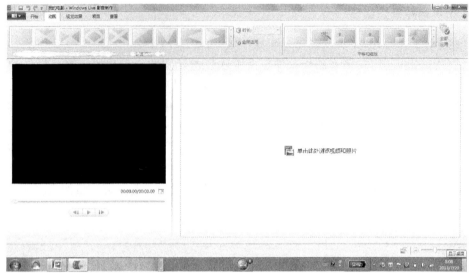

图 5-103　视频过渡效果

第 6 章 机器学习方法及其体育应用

机器学习是指通过机器数据采集与数据挖掘,从大量的数据中发掘出隐含在数据内部的有用信息为决策提供支持。机器学习方法正逐步运用体育比赛分析、赛事评估等多个方面,主要是指从采集到的训练和比赛的数据中进行算法推理,发现隐含在数据背后的信息并用于训练支持和比赛决策。本章以乒乓球比赛技术评估为例,讨论机器学习方法及其在体育领域的不同应用。

 重点内容:

- 机器学习方法;
- 基于机器学习的乒乓球比赛技术评估;
- 优秀乒乓球运动员比赛技术评估。

6.1 机器学习方法

6.1.1 机器学习定义

机器学习是指通过机器采集和数据挖掘发现数据中隐含的特征并用于决策支持,又被称为智能计算或者机器学习计算,目前已广泛用于商业、银行、机器人等领域。体育领域的应用聚焦于训练和比赛数据挖掘、比赛预测与评估等多个方面。机器学习算法有分类算法、拟合算法等。

6.1.2 分类算法——决策树

决策树又称判定树,是用于分类和预测的一种数据结构,它着眼于从一组无序、无规则的实例中推理出决策树表示形式的分类规则,采用自顶向下的递归方式,在决策树的内部节点进行属性值的比较,并根据不同属性判断从该节点向下的分支,在决策树的叶节点得出结论,从根节点就对应着一条合取规则,整棵树对应一组规则集。其结构主要由自顶向下的节点组成,其中每个中间节点代表对某项属性的一次测试，每条边代表测试结果，而每个叶子节点则代表一条分类的结果，整棵决策树就是一组决策规则的结合。决策树分类算法起源于CLS，然后发展到ID3、C4.5、C5.0等。决策树分类分为两步：首先是利用训练集建立并精化一棵决策树，建立决策树模型，然后是利用生成的决策树对目标集进行分类。决策树分类算法具有以下特点：首先是分类速度快，其次是分类精确度高。

6.1.3 拟合算法——人工神经网络

人工神经网络是模拟人脑组织结构的一种机器学习算法，是人脑思维的简单模拟，以人工神经元为单位进行运算，它可以从所需要的例子集合中学习，形成内部的函数关系。和其他传统方法相比的优势有：决策制对问题的了解较少，可以对特征对象进行较为复杂的划分，适用于高速并行处理系统来实现，这对于今天具有较大计算效率的32位、64位系统来说是非常有益的。它将神经网络分为3层，分别为输入层、隐含层和输出层，当隐含层函数关系和参数设计完成后，操作者只需关心其输入和输出。人工神经网络具有拟合速度快和精度高的特点，但是输入数据的选择对于网络的学习速度、学习效率和拟合精度有较大关系。因此在使用人工神经网络学习时，需认真考虑数据的选择问题。

6.2 乒乓球比赛技术评估研究现状

6.2.1 乒乓球比赛技术评估的背景和意义

乒乓球比赛技术评估是对技术实力进行合理预判，为训练和比赛提供参考的重要前提，是国家队进行业务学习和大赛备战的重要内容。

机器学习方法作为先进的机器学习手段，已广泛运用于数据挖掘、决策支持等领域，在比赛技术诊断方面的优势已初现端倪，但却鲜有评估方法的研究，本研究拟在该研究方向上进行深入的探讨，以期为乒乓球比赛提供决策支持。

6.2.2 球类比赛技术评估的研究现状

球类比赛技术诊断的作用在于反馈比赛技术运用中存在的问题，为训练和比赛决策提供参考。球类比赛技术诊断经历了数理统计分析、基于计算机的统计分析和基于数学模型的模拟诊断等。数理统计方法是各项技术的得分和失分等简单指标来分析比赛的，基于计算机的统计方法主要优势在于对比赛录像的控制更加快速和方便，但其原理与数理统计方法还是相同的。数理统计法和基于计算机的统计方法的优点在于指标简单，但指标值（得分、失分个数）无法体现技术之间的相互作用关系。基于数学模型的方法通过建立各项指标值和比赛获胜概率之间的关系来对比赛进行技术诊断,体现了各项技术或者战术之间的内在联系,但是仅把比赛作为一个静态的模型来分析。众所周知,球类比赛是两个或者多个运动员之间的技术传递过程,A 的技术运用会直接影响到 B 的技术发挥,以此类推。鉴于以上问题,系统和动态的观点被引入球类比赛技术诊断中,如基于马尔科夫链的随机模型、转移概率矩阵等。基于数学模型的诊断方法以系统的观点来分析比赛是球类比赛技术诊断的重大进步,但其诊断结果是以竞技效率值或者状态相关性大小作为标准的一个排序,数值大的作为比赛制胜的主要因素。以系统的观点来看,比赛结果的获得应该是多个技术或者战术综合发挥作用的结果,因此,诊断结果不仅应该得到一个排序,而且应该是一个多指标的组合。多个因素共同构成比赛制胜的关键因素。本节将从这一理念出发进行探讨。

6.2.3 乒乓球比赛技术评估的研究现状

乒乓球比赛技术诊断的发展依赖于球类比赛技术诊断理论的发展而发展。即数理统计法、基于计算机的统计方法和基于数学模型的方法等。其中数理统计法在很长时期内都在探索针对不同打法类型的选手使用何种指标体系结构来描述比赛,代表性的有三段指标体系、正反手指标体系、攻防指标体系、击球时序体系和十项指标体系等,但各自反映的技术情况却不尽相同。基于计算机的乒乓球比赛统计方法在 2008 年奥运会期间取得了进展,隔网对抗项目制胜因素的研究与实施课题组开发了乒乓球比赛数据采集软件,该软件最大的特点在于以拍为单位采集击球技术、击球位置、击球落点和击球效果等重要数据,为系统分析乒乓球比赛奠定了数据基础。基于数学模型的乒乓球比赛技术诊断均为球类比赛技术诊断方法拓展和应用,如采用人工神经网络的方法来建立获胜概率与技术指标之间的联系,取得了较高的拟合度。由于随机模型中,将比赛双方作为一个相互影响的系统来考虑,所以得出的诊断结果往往是变化的,规律性比较小,在后续研究中,比较关注战术行为之间的相互作用和影响,并将基于马尔科夫链的转移概率矩阵用于乒乓球比赛技术诊断。

从以上综述可以看出,采用数理统计方法的乒乓球比赛技术诊断忽略了对手对于比赛的影响,基于随机概率模型方法考虑到了双方对于比赛结果的共同作用,但诊断结果不统一。基于马尔科夫链的转移概率矩阵方法为实现战术行为之间的关联运算提供了良好的思路,但对乒乓球比赛的诊断结果是击球技术、击球位置、击球落点的转移行为,没有考虑到技术与位置、技术与落点等之间的相互联系。解决上述问题可以从两个方面来进行,首先是在设计指标模型时,就建立指标之间的联系,其次是在进行技术诊断时将各个要素作为一个系统来考虑,通过约简或者选优得到一个或者多个最优的组合,并将其作为乒乓球比赛诊断的结果。

三段评估法是专门针对进攻型打法而设计,通过大量比赛的统计分析得出。首先是根据击球选手的不同和比赛的进程将乒乓球比赛分为三段:以发球方为起始计算,发球为第一板,对方回球我方进行抢攻为第二板,对方再次回球我方击球为第三板,我方的第一板与第二板球组成了"发抢段",第三板以后的阶段统称为"相持段",以接球方为起始计算,击打对方的发球为第一板,第二次击打对方的来球为第二板,此后为三板球及以上,将第一板和第二板球称为"接抢段",三板以后为"相持段";然后将发抢相持与接抢相持统称为"相持段",由此,每位击球选手的比赛被划分为三段:"发抢段"、"接抢段"、"相持段"。吴焕群等以三段分析法出发,对大量弧圈进攻型打法的比赛进行了数理统计分析,即:把比赛的评价分为3个等级,分别为"优秀"、"良好"、"及格",分别观察其在"发抢段"、"接抢段"、"相持段"三段的表现,分别统计发抢段的得分率、发抢段的使用率、接抢段的得分率、接抢段的使用率、相持段的得分率、相持段的使用率,得到了优秀进攻性乒乓球选手单打技战术的评价标准。结果表明,如果三段的使用率分别在 1/3 左右,当发抢、接抢、相持三段的得分率在 65%、50%、55% 之上时可以认为该场比赛时优秀的,当三段得分率在(60,65)、(40,50)、(50,55)区间时,认为该场比赛时良好的,当三段得分率分别在区间(55,60)、(35,40)、(40,50)时,认为该场比赛是及格的。该诊断标准由吴焕群在 1988 年提出,标准如表 6-1 所示。

表 6-1 单打技战术评价标准(%)

发抢段	接抢段	相持段	评价
>65	>50	>65	优秀
>60	>40	>50	良好
>55	>35	>40	及格
30±5	30±5	40±5	使用率

(吴焕群,1988)

十项指标评估法专门针对优秀男子进攻型选手设计,根据男子进攻型选手的技战术特征,将评价的指标体系细分为:发球得分率、发抢使用率、发抢命中率、发抢得分率、发球反攻使用率、接抢使用率、接抢命中率、接抢得分率、控接使用率、相持得分率。将发球得分率专门作为一项指标进行考察,体现了发球对于比赛的重要作用,当发球得分率低于11%时,可以认为该场比赛是不及格的。第二个特点是将战术运用融入到对选手的评价中,如进攻、防守、控制、反攻均在评价标准中有着重要体现。第三个亮点是将比赛的评价标准分为四级:优秀、良好、及格、不及格。第四个特点是将吴焕群的"发抢"、"接抢"、"相持"三段的分类也融入其十项的分类当中。第五个特点是将得分率与命中率分开进行考察、区别对待。该方法由李今亮于1998年提出,评价标准如表6-2。

表6-2 优秀男子进攻型选手技术实力评估标准

等级	优秀	良好	及格	不及格
发球得分率	18	14	11	<11
发抢得分率	62	55	48	<48
发抢命中率	86	81	77	<77
发抢得分率	43	39	34	<34
发球反攻使用率	51	39	27	<27
接抢使用率	35	30	25	<25
接抢命中率	84	78	71	<71
接抢得分率	40	30	21	<21
控接攻使用率	31	23	14	<14
相持得分率	46	41	36	<36

(李今亮,1998)

6.3 基于机器学习的乒乓球比赛技术评估方法

本部分研究方法参考了基于人工智能的乒乓球比赛技战术诊断评估研究。

6.3.1 乒乓球比赛技术评估指标体系

根据专家意见和实践经验,首先对乒乓球比赛中的关键技术行为进行筛选,选取比赛中常用的技术行为,剔除比赛中较少使用的技术行为,确定弧圈技术、挑打技术、劈长技术、摆短技术、推(挡)技术为比赛中的主要技术行为,并将其他技术行为分为一类。鉴于不同选手的弧圈球技术在正、反手的使用差别较大,将弧圈技术进一步细分为正手弧圈和反手弧圈技术两类。比赛落点分为9个区域:正手短球、中路短球、反手短球,正手半出台球、中路半出台球、反手半出台球、正手长球、中路长球、反手长球。再根据各项技术行为的落点频率大小分别确定其落点范围,确定发球落点包括短球、半出台球、长球3种,弧圈球的落点以长球为主,并按正手、中路和长球分别进行分类,挑打技术不关心其长短因素,因此分为正手、中路和反手,劈长技术的落点主要在长球,分为正手、中路和反手,摆短技术的落点主要在短球和半出台球,因此分为6种,即正手短球、正手半出台球、中路短球、中路半出台球、反手短球、反手半出台球,推挡技术的落点以长球为主,分为正手、中路和反手。

6.3.2 乒乓球运动员不同竞技状态划分

前述已有关于基于人工神经网络乒乓球比赛技术诊断的研究,但由于没有对选手的比赛情景进行区别对待,因而得到的诊断结构较为粗略。在实际的比赛环境下,不同优秀乒乓球运动员在不同的比赛状态下和面对不同对手时的表现差异较大,只要针对不同状态下运动员的技术发挥进行区别评价,才能客观了解选手的技术水平。因此本研究将优秀乒乓球运动员的技术区分为:竞技状态佳、竞技状态一般和竞技状态较差3种条件下分别进行评价。

为更加清晰地对乒乓球运动员的个性技术特征作出诊断,将其分为竞技状态优、发挥正常、竞技状态差3种情况来诊断。具体操作流程为:训练模型并输入运动员的比赛数据,将其输出作为真实的比赛获胜概率;分别改变某项技术指标的值来观察对比赛获胜概率的影响,求得各技术指标的竞技效率值。具体计算方法为:求出样本集的平均值和标准差,然后根据下式来改变各项技术指标的值,竞技状态优:$delta1 = mean(a) + 0.75 * std(a)$;竞技状态一般:$delta2 = mean(a)$;竞技状态较差:$delta3 = mean(a) - 0.75 * std(a)$。标准差为技术指标偏离平均值的水平值。即:通过大量比赛的数理统计分析,得出各项技术评价值的平均值并将其作为竞技状态一般时的技术数据,以其增加0.75个标准差作为竞技状态较好时的技术数据,以平均值减去0.75个标准差作为其竞技状态差时的技术数据,分别进行技术诊断与评估,得出其技术诊断结果。输入54项比赛的技术诊断值,按照三层网络构建神经网络,以获胜概率值作为输出值,得到了优秀乒乓球比赛的技术诊断模型,在先前的实验中已经表明,其精度可达到0.92919,可以较为准确地模拟选手的技术情况。

6.3.3 基于机器学习的乒乓球比赛技术评估方法

乒乓球比赛技术诊断的目的是对运动员的各项技术指标进行判断,对其重要性程度进行排序,以利于选手在不同状态下和面对不同对手时采取相应的对策,其重要性在于分析功能,得出的是点的结论。乒乓球比赛技术评估的目的则不同,其目的在于根据选手的各项技术发挥情况进行综合评判,对其不同的比赛给出总体评价,其意义在于为选手的发挥情况打分或者给出不同等级的评价。前面的综述已经提到,三段评估法经过大量的比赛统计给出了单打乒乓球运动员的评估标准,但由其评估标准可以看出,该评估标准相对评估结果来说是必要条件,而不是充分条件,有许多比赛不能在该评价标准中找到答案。而且乒乓球运动员的技术水平随着训练水平的提高和打法的改进,跟过去相比已经发生了很大变化,显然该标准已经不能满足现阶段进攻型选手的技战术水平评估。十项评估法的重要进步在于进一步细化,将进攻、防守、控制、反攻等战术评价也融入了技术评估,体现了选手的整体技术水平,但其局限性与三段评估法是相似的,需要随着乒乓球训练比赛实践的发展而发展。上述两种方法的评估结果分别是三段(优秀、良好、及格)、十项(优秀、良好、及格、不及格),可以看出,其评估结果是定性的评价,毋庸置疑其对比赛的大概认识是直观的,但当两名运动员的比赛都在同一水平或层次接近时,其评价结果就很难作出区分。因此本研究认为,以定量值来对比赛进行评价才是科学和合理的。

　　本研究的思路为:首先确定优秀乒乓球运动员比赛的技术诊断指标体系,然后通过计算各项技术指标的竞技效率值并对其进行排序,得到技术指标的重要性列表。然后以各项技术指标值(得分率和使用率)的加权求和值作为每场比赛(或每位运动员)的技术评估值,由于竞技效率值体现了各项技术指标的重要性程度,所以以其实际值作为各项技术指标值的权数进行计算。具体步骤为:建立乒乓球比赛技术的人工神经网络模型;计算不同运动员技术指标的竞技效率值;运动员的技术数据与竞技效率值加权求和。

6.4 基于机器学习的乒乓球比赛评估案例分析

6.4.1 优秀乒乓球运动员 A1 比赛技术评估

　　本研究数据采集采用由上海体育学院课题组自主研发的乒乓球比赛数据采集软件,软件以每板为单位、按照比赛进程采集乒乓球比赛中的技术手段、战术势态、旋转、落点、击球效果等 22 项数据,采集软件还实现了比赛技术、战术数据和比赛视频的关联,为系统分析比赛技术特征采集了最基本的数据。采集软件的采集素材为比赛数字视频,可以按照单打(七局四胜制)、团体单打(五局三胜制)、双打等不同规则来采集数据。采集软件把比赛的数字视频以回合为单位分别保存下来,剔除了比赛中回合之外的冗余视频,为高效地分析比赛提供了第一手的资料。数据采集软件还提供了比赛视频的控制功能,可以 1/8、1/4、1/2 的

慢速度观看比赛,为仔细研究比赛、分析旋转和落点等内容提供方便。也可以2倍的速度观看比赛,略过中间冗余环节,直接找到需要研究的部分,因此本软件方便了教练员和运动员的使用,同时采集到的最基本的数据也为科研人员进行数据统计分析和数据挖掘提供便捷的接口。

6.4.1.1 数理统计分析(A1)

比赛1:2011年国际乒联巡回总决赛分析(A1 vs B2),见表6-3~表6-5。

表6-3 A1 vs B2 比赛各板得分分析

统计项	发球	接发球	第三板	第四板	相持	总计
得分次数	4	9	7	5	7	32
得分率(%)	9.52	21.95	18.42	17.86	9.33	—
构成比(%)	12.5	28.13	21.88	15.63	21.88	100
使用率(%)	4.82	15.66	20.48	15.66	43.37	—

表6-4 A1 vs B2 比赛各板失分分析

统计项	发球	接发球	第三板	第四板	相持	总计
失分次数	0	4	10	8	29	51
失分率(%)	0	9.76	26.32	28.57	38.67	—
构成比(%)	0	7.84	19.61	15.69	56.66	100
使用率(%)	4.82	15.66	20.48	15.66	43.37	—

表6-5 A1 vs B2 比赛三段分析

统计项	发抢段	接抢段	相持段
得分率(%)	52.38	53.85	19.44
使用率(%)	25.3	31.33	43.37

该场比赛A1 1∶4负于B2,从三段看,发球直接得分达到4个,接发球与B2相比为9∶4,主要输在发球抢攻及相持,相持球输B2 25个球。

图6-1中左侧柱图为A1的得分,右侧柱图为A1的失分,可以明显看出,A1的发球和就发球第四板占有明显优势,而在相持段失误非常明显。

上述得失分情况结合图6-2使用率分析,相持段占有较大比例,因此本场比赛A1输在相持的发挥不佳,而发球和第三板的抢攻发挥很好。

比赛2:2012年国际乒联巡回赛苏州公开赛比赛分析(A1 vs B1),见表6-6~表6-8。

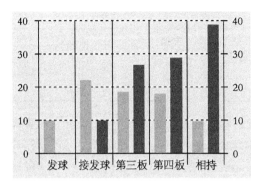

图 6-1 A1 vs B2 比赛各板得失分率分析

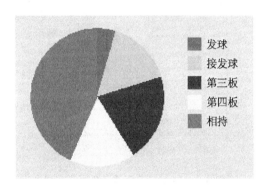

图 6-2 A1 vs B2 比赛各板使用率

表 6-6 A1 vs B1 比赛各板得分分析

统计项	发球	接发球	第三板	第四板	相持	总计
得分次数	6	16	15	8	27	72
得分率(%)	8	22.54	22.39	15.69	23.48	—
构成比(%)	8.33	22.22	20.83	11.11	37.5	100
使用率(%)	4.79	14.38	17.81	19.18	43.84	—

表 6-7 A1 vs B1 比赛各板失分分析

统计项	发球	接发球	第三板	第四板	相持	总计
失分次数	1	5	11	20	37	74
失分率(%)	1.33	7.04	16.42	39.22	32.17	—
构成比(%)	1.35	6.76	14.86	27.03	50	100
使用率(%)	4.79	14.38	17.81	19.18	43.84	—

表 6-8　A1 vs B1 比赛三段分析

统计项	发抢段	接抢段	相持段
得分率(%)	63.64	49.98	42.19
使用率(%)	22.6	33.56	43.84

该场比赛 A1 1∶4 负于 B1,从图 6-3 可以看出,主要输在第四板和相持。第四板与 B1 的比分为 8∶20,相持与 B1 的比分为 27∶37,而在发抢轮和接发球环节上 A1 占据优势,比分分别为 6∶1,16∶5,15∶11,直接发球得分达到了 6 个。其他分析见图 6-3、图 6-4。

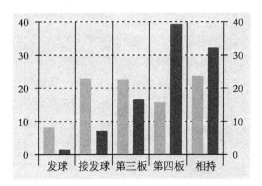

图 6-3　A1 vs B1 比赛各板得失分率

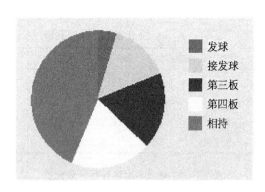

图 6-4　A1 vs B1 比赛各板使用率

比赛 3:2012 年国际乒联巡回赛中国公开赛 A1 vs B3 比赛分析,见表 6-9～表 6-11。

表 6-9 A1 vs B3 比赛各板得分分析

统计项	发球	接发球	第三板	第四板	相持	总计
得分次数	1	5	2	4	14	26
得分率(%)	2.86	14.29	6.06	17.39	16.67	—
构成比(%)	3.85	19.23	7.69	15.38	53.85	100
使用率(%)	2.86	17.14	18.57	12.86	48.57	—

表 6-10 A1 vs B3 比赛各板失分分析

统计项	发球	接发球	第三板	第四板	相持	总计
失分次数	1	7	11	5	20	44
失分率(%)	2.86	20	33.33	21.74	23.81	—
构成比(%)	2.27	15.91	25	11.36	45.45	100
使用率(%)	2.86	17.14	18.57	12.86	48.57	—

表 6-11 A1 vs B3 比赛三段分析

统计项	发抢段	接抢段	相持段
得分率(%)	20	42.86	41.18
使用率(%)	21.43	30	48.57

A1 在发抢段、接抢段和相持段的发挥均劣于 B3,分别为 20%、42.86% 和 41.18%。分段统计的结果分别为发球 1∶1,接发球 5∶7,第三板 2∶11,第四板 4∶5,相持 14∶20,总比分为 26∶44。

图 6-5、图 6-6 可以看出,A1 与 B3 的比赛第三板差距较大,相持段所占比重较大,几乎达到一半,两人对拉的环节较多,但从得分率来看,A1 的相持效果不佳。

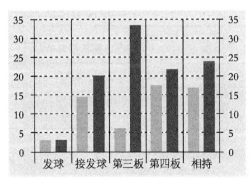

图 6-5 A1 vs B3 比赛各板得分率对比

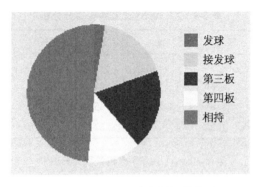

图6-6　A1 vs B3 比赛各板使用率对比

比赛4：2012年国际乒联巡回赛苏州公开赛比赛分析（A1 vs B5），见表6-12～表6-14。

表6-12　A1 vs B5 比赛各板得分分析

统计项	发球	接发球	第三板	第四板	相持	总计
得分次数	6	19	16	12	22	75
得分率(%)	8.82	27.94	26.23	30.77	24.72	—
构成比(%)	8	25.33	21.33	16	29.33	100
使用率(%)	5.11	21.9	20.44	17.52	35.04	—

表6-13　A1 vs B5 比赛各板失分分析

统计项	发球	接发球	第三板	第四板	相持	总计
失分次数	1	11	12	12	26	62
失分率(%)	1.47	16.18	19.67	30.77	29.21	—
构成比(%)	1.61	17.74	19.35	19.35	41.94	100
使用率(%)	5.11	21.9	20.44	17.52	35.04	—

表6-14　A1 vs B5 比赛三段分析

统计项	发抢段	接抢段	相持段
得分率(%)	62.86	57.41	45.83
使用率(%)	25.55	39.42	35.04

该场比赛A1以4比3的比分胜B5，打得比较艰苦，从三段可以看出A1在发抢、接抢和相持环节均略好于B5，发球直接得6分。

从图6-7、图6-8可看出，A1比较B5而言，优势体现在发抢和接发球两个段上,在第四板和相持环节,两人的实力相当,比分分别为 12∶12,22∶26,尤其是在第四板,实力相当。本场比赛两人的总比分为 75∶62,A1 总体上优于 B5。

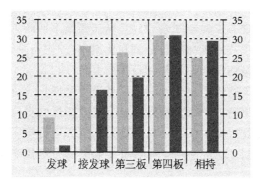

图 6-7　A1 vs B5 比赛各板得失分率

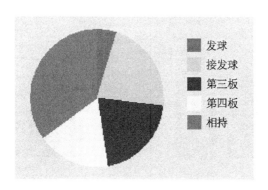

图 6-8　A1 vs B5 比赛各板使用率

6.4.1.2 基于机器学习的评估(A1)

(1)指标体系的构建:以每板为单位,将乒乓球比赛中的技术与落点结合起来构建 33 项指标体系,分别是:①发球－短球、②发球－半出台、③发球－长球、④正手弧圈－正手长球、⑤正手弧圈－中路长球、⑥正手弧圈－反手长球、⑦反手弧圈－正手长球、⑧反手弧圈－中路长球、⑨反手弧圈－反手长球、⑩挑打－正手球、⑪挑打－中路球、⑫挑打－反手球、⑬劈长－正手长球、⑭劈长－中路长球、⑮劈长－反手长球、⑯摆短－正手短球、⑰摆短－中路短球、⑱摆短－反手短球、⑲摆短－正手半长球、⑳摆短－中路半长球、㉑摆短－反手半长球、㉒推挡－正手长球、㉓推挡－中路长球、㉔推挡－反手长球、㉕其他技术－正手短球、㉖其他技术－中路短球、㉗其他技术－反手短球、㉘其他技术－正手半长球、㉙其他技术－中路半长球、㉚其他技术－反手半长球、㉛其他技术－正手长球、㉜其技术-中路长球、㉝其他技术-反手长球,并结合得分率来看其效果,结合使用率来观察其使用数量,从而衍生为 66 个二级指标。

(2) 计算步骤
- 基于改进人工神经网络的乒乓球比赛技术诊断方法;
- 计算各项技术指标的得分率和使用率,并构建决策矩阵;
- 将决策集划分为训练集和目标集;
- 将训练集输入人工神经网络模型进行建模;
- 将目标集输入网络模型计算各项技术指标的竞技效率值;
- 按照竞技效率值的大小对各项技术指标进行排序,得出诊断结果。

(3) A1 比赛技术诊断:首先计算各项技术指标的得分率和使用率并构建决策图,见图 6-9~图 6-15。

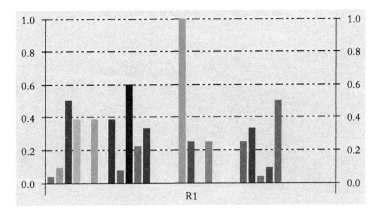

图 6-9　A1 vs B2(2011 总决赛)各项技术指标的得分率

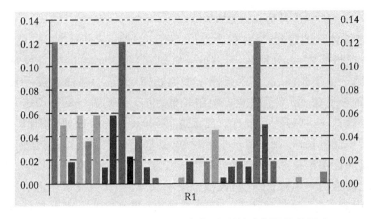

图 6-10　A1 vs B2(2011 总决赛)各项技术指标的使用率

第 6 章 机器学习方法及其体育应用

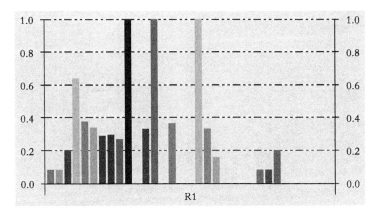

图 6-11 A1 vs B1(2012 苏州)各项技术指标的得分率

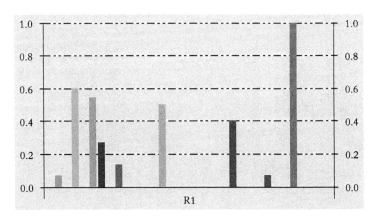

图 6-12 A1 vs B3(2012 中国公开赛)各项技术指标的得分率

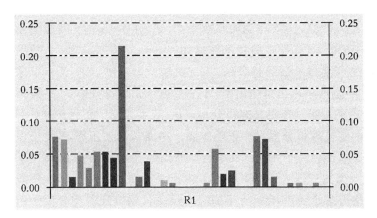

图 6-13 A1 vs B3(2012 中国公开赛)各项技术指标的使用率

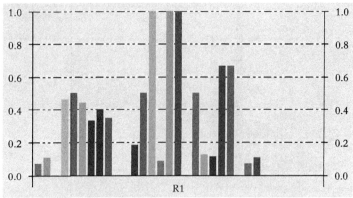

图 6-14　A1 vs B5(2012 苏州)各项技术指标的得分率

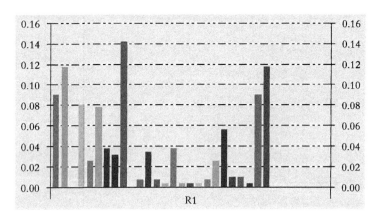

图 6-15　A1 vs B5(2012 苏州)各项技术指标的使用率

采集 A1 2006~2012 年的大赛数据 29 场,其中 24 场比赛数据用于建模,5 场比赛用于诊断,各场比赛的技术数据如表 6-15~表 6-22 所示,数据 1 为发球技术数据,A=发球－短球得分率,B=发球－短球使用率,C=发球－半出台得分率,D=发球－半出台使用率,E=发球－长球得分率,F=发球－长球使用率,G=正手弧圈－正手长球得分率,H=正手弧圈－正手长球使用率,I=正手弧圈－中路长球得分率,J=正手弧圈－中路长球使用率,K=正手弧圈－反手长球得分率,L=正手弧圈－反手长球使用率,M=反手弧圈－正手长球得分率,N=反手弧圈－正手长球使用率,O=反手弧圈－中路长球得分率,P=反手弧圈－中路长球使用率,Q=反手弧圈－反手长球得分率,R=反手弧圈－反手长球使用率,S=挑打－正手得分率,T=挑打－正手使用率,U=挑打－中路得分率,V=挑打－中路使用率,W=挑打－反手得分率,X=挑打－反手使用率。

表6-15　A1各项比赛技术数据1

比赛编号	A	B	C	D	E	F
1	0.1087	0.2026	0	0.0132	0	0
2	0.1316	0.1776	0.1667	0.028	0	0
3	0.1176	0.1429	0.2222	0.0378	0	0
4	0.1111	0.0314	0.093	0.1498	0	0.0139
5	0.1667	0.1268	0.1667	0.0845	0	0.0141
6	0	0.1849	0.3333	0.0205	0.5	0.0137
7	0.037	0.1646	0	0.0183	0.6667	0.0183
8	0.1111	0.1837	0.25	0.0272	1	0.0068
9	0.0952	0.19	0	0.0271	0	0
10	0	0.045	0.0952	0.135	0	0
11	0.1333	0.1579	0.4	0.0263	0	0.0105
12	0.1111	0.1572	0.1667	0.0262	0	0.0044
13	0.129	0.1975	0	0	0	0
14	0.1351	0.1523	0	0.0165	0.3333	0.0123
15	0.1176	0.1504	0.4	0.0442	0	0.0088
16	0.1481	0.1915	0	0.0142	0.5	0.0142
17	0.1	0.137	0	0.0274	0.3333	0.0411
18	0.2105	0.1872	0	0.0099	0	0.0148
19	0.1111	0.1679	0.25	0.0149	1	0.0037
20	0.1429	0.0639	0.2381	0.0959	0	0.0046
21	0	0.1085	0.125	0.062	0	0.0078
22	0.0698	0.2067	0	0.0144	0	0
23	0.15	0.119	0.1818	0.0655	1	0.006
24	0.1429	0.1186	0.1818	0.0932	1	0.0085
25	0.1026	0.1472	0.625	0.0302	0	0
26	0.037	0.1205	0.0909	0.0491	0.5	0.0179
27	0.0769	0.069	0.0811	0.0981	0.2	0.0265
28	0.069	0.0895	0.1053	0.1173	0	0
29	0	0.0762	0.0667	0.0714	0	0.0143

表 6-16　A1 各项比赛技术数据 2

比赛编号	G	H	I	J	K	L
1	0.6667	0.0529	0.3333	0.0132	0.2857	0.0617
2	0.4348	0.1075	0.5	0.0187	0.8	0.0234
3	0.5	0.0336	0.125	0.0336	0.4211	0.1597
4	0.4242	0.115	0.3333	0.0314	0.3	0.0697
5	0.7273	0.0775	0.5	0.0282	0.5	0.0986
6	0.4	0.0342	0.5	0.0548	0.5789	0.1301
7	0.75	0.0732	0.2857	0.0427	0.5	0.0488
8	0.7143	0.0952	0.4	0.034	0.4	0.034
9	0.5714	0.095	0.3	0.0452	0.3913	0.1041
10	0.3929	0.09	0.2857	0.0225	0.3043	0.074
11	0.4231	0.1368	0.3333	0.0947	0.3529	0.0895
12	0.3333	0.0786	0.1818	0.048	0.4474	0.1659
13	0.5	0.0255	0.75	0.0255	0.3214	0.1783
14	0.5	0.0823	0.3333	0.0247	0.45	0.0823
15	0.75	0.0354	0	0.0088	0.5	0.1239
16	0.6667	0.0851	0.5	0.0142	0.3846	0.0922
17	0.7	0.137	0	0.0274	0.2857	0.0959
18	0.3889	0.0887	0.6667	0.0148	0.2	0.0246
19	0.375	0.1194	1	0.0112	0.4783	0.0858
20	0.36	0.1142	0.1538	0.0594	0.2667	0.137
21	0.4286	0.0814	0.25	0.031	0.5	0.062
22	0.3333	0.0288	0	0.0288	0.7619	0.101
23	0.3529	0.1012	0.5385	0.0774	0.5	0.0595
24	0.6	0.0847	0	0.0339	0.7	0.0847
25	0.4444	0.034	0.4615	0.0491	0.3333	0.0679
26	0.3846	0.058	0	0.0357	0.3846	0.058
27	0.6364	0.0292	0.375	0.0212	0.3396	0.1406
28	0.4615	0.0802	0.5	0.0247	0.44	0.0772
29	0.6	0.0476	0	0.0286	0.5455	0.0524

表 6-17　A1 各项比赛技术数据 3

比赛编号	M	N	O	P	Q	R
1	0.6	0.022	0	0	0.2593	0.1189
2	0.5	0.0093	0	0.0234	0.2857	0.0654
3	0.3	0.042	0.1429	0.0294	0.4	0.021
4	1	0.0035	0	0.007	0.4615	0.0906
5	0.6667	0.0211	0	0	0.4615	0.0915
6	0.8182	0.0753	0.4	0.0685	0.4167	0.0822
7	0.6667	0.0183	0.3	0.061	0.25	0.2195
8	0.5	0.0136	0	0.0068	0.3333	0.1633
9	0	0	0.375	0.0724	0.3684	0.086
10	0.4	0.0161	0	0.0032	0.2333	0.0965
11	0.2	0.0263	0.2308	0.0684	0.2857	0.0368
12	0	0.0087	0	0.0131	0.4167	0.1048
13	0.4444	0.0573	0.25	0.051	0.1429	0.0892
14	0	0.0165	0.25	0.0165	0.2222	0.0741
15	0.375	0.0708	0.3333	0.0265	0.4	0.0442
16	0.3333	0.0213	0.5	0.0426	0.125	0.1135
17	0.75	0.0548	0.5	0.0274	0.3	0.137
18	0	0.0197	0.2	0.0246	0.5714	0.069
19	0.5	0.0299	0.5	0.0149	0.2791	0.1604
20	0.4	0.0228	0.3333	0.0685	0.0952	0.0959
21	0	0	0.125	0.031	0.3571	0.0543
22	0.5556	0.0433	0.4286	0.0337	0.5	0.0192
23	0	0.006	0.25	0.0476	0.4	0.0893
24	1	0.0085	0.3333	0.0508	0.25	0.1017
25	0.1304	0.0868	0.1	0.0755	0.2917	0.0906
26	0	0.0134	0.3846	0.058	0.0741	0.1205
27	0.2857	0.0557	0.2941	0.0451	0.2632	0.1008
28	0.3333	0.037	0.4	0.0309	0.3478	0.142
29	0.2727	0.0524	0	0.0429	0.1333	0.2143

表 6-18 A1 各项比赛技术数据 4

比赛编号	S	T	U	V	W	X
1	0.2857	0.0308	0.3333	0.0132	0.3333	0.0529
2	0.2	0.0234	0.1429	0.0327	0.4286	0.0327
3	0	0.0084	0.1538	0.0546	0.5	0.0252
4	0.25	0.0139	0.3333	0.0105	0.6667	0.0105
5	0.5	0.0282	0.25	0.0282	0.5	0.0423
6	0	0	0.5	0.0137	0.3333	0.0205
7	0	0	0	0.0061	0.3333	0.0366
8	0	0	0	0	0.25	0.0272
9	1	0.0045	0.4	0.0226	0	0.0181
10	0.5	0.0193	0	0	0.0714	0.045
11	0	0.0053	0.5	0.0105	0.3333	0.0158
12	1	0.0087	1	0.0044	0.1333	0.0655
13	0	0.0064	0	0.0064	0.1667	0.0382
14	0	0.0123	0.4286	0.0576	0.2727	0.0453
15	1	0.0177	0.1429	0.0619	0.3333	0.0531
16	1	0.0213	0	0	0.2222	0.0638
17	0	0	0	0	0	0
18	0	0	0.25	0.0197	0.3333	0.0443
19	1	0.0112	0	0.0149	0.6	0.0187
20	1	0.0046	0	0.0137	1	0.0091
21	0.2	0.0194	0.5	0.0155	0.4615	0.0504
22	0	0	0.5	0.0096	0.25	0.0192
23	0	0.006	0	0.006	0.5	0.0119
24	0	0	0	0	0	0
25	0.3333	0.0113	0	0.0038	0.25	0.0151
26	0.6	0.0223	0.2222	0.0402	0.3333	0.0134
27	1	0.0027	0	0.0027	0.3333	0.0239
28	0	0	0	0.0062	0.1818	0.034
29	0	0	0	0.0143	0	0.0381

表 6-19 A1 各项比赛技术数据 5

比赛编号	Y	Z	AA	AB	AC	AD
1	0.2	0.022	0	0	0	0.0396
2	0	0.0047	0	0.0187	0.1818	0.0514
3	0	0	0	0.0084	1	0.0042
4	0.5	0.007	0.3333	0.0105	0.5	0.0139
5	0	0	0	0	0.25	0.0282
6	0	0.0137	0	0.0205	0.5	0.0137
7	0	0	1	0.0061	0.4286	0.0427
8	0	0.0136	0	0	0.3333	0.0204
9	0	0	0	0.0045	0	0.0271
10	0.25	0.0129	0	0	0.2	0.0322
11	0	0.0105	0	0	0	0.0158
12	0	0.0044	0	0	0.1429	0.0306
13	0.5	0.0127	0	0	0	0.0127
14	0	0	0	0.0165	0	0
15	0	0	0	0.0088	0.25	0.0354
16	0.5	0.0142	0	0.0071	0.4	0.0355
17	0	0.0274	0	0	0	0
18	0	0.0099	0	0.0049	0	0.0197
19	0.2	0.0187	0	0.0075	0.125	0.0299
20	0	0	0	0	0.125	0.0365
21	0.5	0.0078	0.5	0.0078	0.25	0.031
22	0.1667	0.0288	0	0.0048	0.1333	0.0721
23	0	0.0179	0	0.0357	0.6667	0.0179
24	0	0	0.25	0.0339	0.5	0.0169
25	1	0.0038	0	0.0038	0.1667	0.0226
26	0	0.0045	0	0	0	0
27	1	0.0027	0	0.0027	0.3636	0.0292
28	0.5	0.0062	1	0.0031	0.0833	0.037
29	0	0	0.5	0.0095	0	0.0048

注：本表为劈长－正手长球，劈长－中路长球，劈长－反手长球技术数据。

表 6-20　A1 各项比赛技术数据 6

比赛编号	AE	AF	AG	AH	AI	AJ	AK	AL	AM	AN	AO	AP
1	0.6667	0.0132	0.2	0.022	0	0.0264	0	0	1	0.0044	0.5	0.0176
2	0	0.0047	0.0833	0.0561	0	0.014	0	0.0093	0	0.0093	0	0
3	0	0.0084	0.2727	0.0462	0	0	0	0.0042	0.125	0.0378	0	0.0126
4	0	0	0	0	0	0	0	0.0348	0.3333	0.0557	0.0909	0.0383
5	0.6667	0.0205	0.1667	0.0423	0	0	0	0	0	0.0423	0.5	0.0141
6	0	0	0	0.0274	0.3333	0.0183	0	0	0.5	0.0137	0	0
7	0	0.0136	0.4	0.0305	0.25	0.0272	0	0	0	0	0	0.0183
8	0	0	0	0.0136	0	0.0181	0	0	0	0.0068	0	0.0068
9	0	0.009	0.3333	0.0407	0	0	0	0	0	0.009	0	0.0045
10	0	0.0064	0.25	0.0129	0	0.0032	0	0.0096	0.25	0.0289	0.2308	0.0418
11	0.25	0.0211	0	0.0053	0	0.0053	0	0	0	0.0421	0	0.0211
12	0	0.0175	0	0.0175	0	0.0175	0	0.0087	0.5	0	0	0
13	0.5	0.0127	0	0.0127	0	0.0127	0.6667	0.0191	0.1111	0.0127	0	0
14	0	0.0123	0.2174	0.0947	0	0	0	0	0.3333	0.037	0	0.0088
15	0	0	0	0.0177	0	0.0071	0	0	0	0.0265	0	0
16	0	0.0142	0.5556	0.0638	0	0	0.5	0.0548	0	0.0071	0	0
17	1	0.0137	0	0	0	0	0.3333	0	0.25	0.0548	0	0.0049
18	0.2222	0.0443	0	0.0148	0	0.0099	0	0.0148	0.25	0.0197	0	0
19	0	0.0075	0.1111	0.0672	0	0.0037	0	0	0	0	0	0
20	1	0.0046	0	0.0091	0	0	0	0	0	0.0046	0	0
21	0	0.0039	0.125	0.031	0	0.0039	0	0.0039	0.2308	0.0504	0.3	0.0388
22	0.6667	0.0144	0.2222	0.0433	0	0.0096	0	0	0.3333	0	0	0
23	0	0.0119	0.5	0.0357	0	0.006	0	0	0	0.006	0	0
24	0	0	0.4	0.0424	0	0	0	0	0	0.083	0.5	0.0377
25	0	0	0	0.0038	0	0	0.25	0.0189	0.1364	0.0446	0	0
26	1	0.0045	0.25	0.0179	0	0.0027	0.3333	0.0179	0.1579	0.0504	0	0.0045
27	0	0	0	0.0265	0	0.0031	0.5	0.008	0.125	0.0247	0.1111	0.0239
28	1	0.0031	1	0.0031	0	0	0	0.0062	0.125	0.0571	0	0.0556
29	0	0	0	0	0	0	0	0.0048	0	0	0	0.019

注：本表为摆短技术数据。

第6章 机器学习方法及其体育应用

表 6-21 A1 各项比赛技术数据 7

比赛编号	AQ	AR	AS	AT	AU	AV
1	0	0.0044	0.3333	0.0132	0.1429	0.0308
2	0	0.0047	0	0.0187	0.25	0.0374
3	0	0.021	0	0.021	0.3636	0.0462
4	0	0.007	0.3333	0.0209	0.25	0.0279
5	1	0.007	0	0.0211	0.1667	0.0423
6	0	0	0	0	0	0.0068
7	1	0.0122	0	0.0122	0	0
8	0	0	0	0.0136	0	0.0136
9	0	0	0	0	0	0.009
10	0.25	0.0257	0	0.0096	0.4667	0.0482
11	0	0	0.5	0.0105	0.5	0.0105
12	1	0.0087	0	0.0131	0.5	0.0087
13	1	0.0127	0	0.0064	0	0.0064
14	0	0.0082	0	0	0	0.037
15	0	0.0177	0.3333	0.0531	1	0.0177
16	1	0.0071	1	0.0071	0	0.0142
17	1	0.0137	0	0	0	0
18	0.1429	0.0345	0	0.0099	0.2	0.0493
19	0	0.0075	0	0.0112	0.0909	0.041
20	0	0.0228	0.2	0.0228	0.4286	0.032
21	0.2	0.0194	0.1111	0.0349	0.1053	0.0736
22	0	0.024	0	0.0144	0.3333	0.0144
23	0	0.0119	0.1538	0.0774	0.3	0.0595
24	0	0.0254	0.4	0.0424	0.2222	0.0763
25	0	0.0038	0	0	0	0.0038
26	0	0.0134	0.25	0.0179	0.3333	0.0134
27	0	0.0027	0	0.0133	0	0.008
28	0.6667	0.0093	0.6667	0.0093	0	0.0031
29	0.4	0.0238	0	0	0	0

注:本表为推挡技术数据。

体育信息技术

表 6-22　A1 各项比赛技术数据 8

比赛编号	AW	AX	AY	AZ	BA	BB	BC	BD	BE	BF	BG	BH	BI	BJ	BK	BL	BM	BN
1	0	0	0	0	0	0	0	0	0	0	0	0	0	0	0	0	0	0
2	0	0	0	0	0	0	0	0	0	0	0	0	0	0	0	0	0	0
3	0	0	1	0.0042	0.6667	0.0105	0	0	0	0.0042	1	0.0042	0	0	0	0	0.5	0.0084
4	0	0	0	0	0	0	0	0	0	0	0	0.0035	0	0	0	0	0.2	0.0174
5	0	0	0	0	0	0	0	0	0	0	0	0	0	0	0	0	0	0
6	0	0	0	0	0	0	0	0	0	0	1	0.0068	0	0	0	0	0	0.0068
7	0	0	0	0	0	0	0	0	0	0	0	0	0	0	0	0	1	0.0061
8	0	0	0	0	0	0	0	0	0	0	0	0	0	0	0	0	0	0.0068
9	0	0	0	0	0.6667	0.0096	0	0	0	0	0	0	0	0	0	0	0.3333	0.0136
10	0	0	0	0.0053	0	0	0	0	0	0	0	0.0032	0	0	0	0	0.3	0.0322
11	0	0	0	0	0	0	0	0	0	0	0	0.0105	0	0	0	0	0	0.0053
12	0	0	0	0.0127	0.3333	0.0123	0	0	0	0.0127	0	0	0	0	0	0	0	0.0087
13	0	0	0	0	0	0	0	0	0	0	0	0.0082	0	0	0	0.0064	0	0
14	0	0	0	0	0	0	0	0	0	0	0	0	0	0	0	0	0	0
15	0	0	0	0	0	0	0	0	0	0	0	0	0	0	0	0	0	0
16	0	0	0	0	0	0	0	0	0	0	0	0.0137	0	0	0	0	0	0.0137
17	0	0	0	0	0	0	0	0	0	0	0	0.0137	0	0.0049	0	0	0	0
18	0	0	0	0	0	0	0	0	0	0	0	0.0039	0	0	0	0	0	0
19	0	0	0	0	0	0	0	0	0	0	0	0	0	0	0	0	0	0
20	0	0	0	0	0.25	0.0183	0	0	0	0	0	0.0137	0	0	0	0	0.2	0.0228
21	0	0	0	0	0	0	0	0	0	0	0	0.0039	0	0	0	0	1	0.0039
22	0	0	0	0	0	0	0	0	0	0	0	0	0	0	0	0	0	0
23	0	0	0	0	0	0	0	0	0	0	0	0	0	0	0	0	0	0
24	0	0	0	0	0	0.0226	0	0	0	0	0	0.0089	0	0	0	0	0	0.0038
25	0	0	0	0	0	0.0045	0	0	0	0.0053	0	0.0027	0	0	0	0	0	0.0089
26	0	0	0	0	0	0	0	0	0	0	0	0	0	0	0	0.0027	0	0
27	0	0	0	0	0	0	0	0	0	0	0	0	0	0	0	0	0	0
28	0	0	0	0	0	0	0	0	0	0	0	0	0	0	0	0	0	0
29	0	0	1	0.0048	0	0.0048	0	0	0	0.0048	0	0	0	0	0	0	0	0

注：本表为其他比赛技术数据，对应 9 个落点，分别为正手短球、中路短球、反手短球、正手半出台球、中路半出台球、反手半出台球、正手长球、中路长球、反手长球。

采用改进人工神经网络建模,主要算法语句如下

net = newff(minmax(a),[32,1],{'tansig','tansig'},'trainlm');
net.trainParam.show = 5;
net.trainParam.epochs = 300;
net.trainParam.goal = 1e-5;
net = init(net)

系统建立了一个两层的网络,传递函数是 TANSIG,训练函数式 TRAINLM 拟合过程如图 6-16 所示。

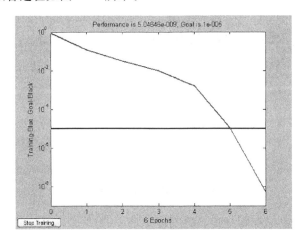

图 6-16 A1 比赛技术数据拟合

验证结果如图 6-17 所示。

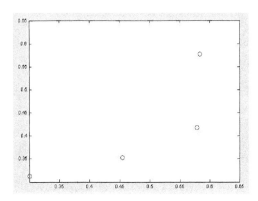

图 6-17 A1 技术模型验证

输入 5 场比赛到训练好的人工神经网络模型对 A1 的比赛技术进行诊断，结果如图 6-18 所示。

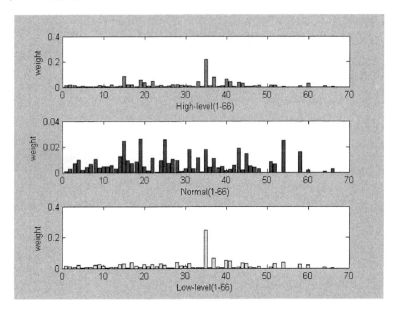

图 6-18　A1 技术诊断结果

得到的各项技术指标的竞技效率值如表 6-23 所示。

表 6-23　A1 各项技术指标竞技效率值

技术指标	竞技状态佳	正常发挥	竞技状态差
A	0.013131	0.001026	0.01548
B	0.018166	0.003127	0.01293
C	0.011112	0.006982	0.006929
D	0.001245	0.009758	0.021676
E	0.006393	0.001795	0.00269
F	0.001584	0.003724	0.006165
G	0.004825	0.006756	0.006492
H	0.000812	0.010315	0.01953
I	0.013397	0.003665	0.022014
J	0.006815	0.004482	0.016419
K	0.005174	0.004724	0.003862
L	0.018068	0.005354	0.00728

续表

技术指标	竞技状态佳	正常发挥	竞技状态差
M	0.000216	0.002688	0.005172
N	0.005801	0.012338	0.023575
O	0.08101	0.024682	0.028583
P	0.01656	0.008949	0.00305
Q	0.02102	0.006854	0.037714
R	0.001907	0.008099	0.017308
S	0.058636	0.026004	0.008636
T	0.033568	0.004669	0.024135
U	0.006582	0.001316	0.009922
V	0.043126	0.011311	0.024143
W	0.009542	0.000132	0.009093
X	0.011516	0.009366	0.029896
Y	0.002869	0.025612	0.019916
Z	0.010439	0.00719	0.003867
AA	0.020954	0.010034	0.003824
AB	0.017818	0.009156	0.036741
AC	0.015208	0.000932	0.016622
AD	0.005814	0.003098	0.012493
AE	0.0097	0.017512	0.027762
AF	0.003367	0.003049	0.002778
AG	0.037429	0.011376	0.004202
AH	0.002978	0.000151	0.003475
AI	0.218557	0.017536	0.243438
AJ	0.00603	0.003746	0.001397
AK	0.07914	0.010881	0.065612
AL	0.000267	0.003187	0.006531
AM	0.00611	0.004534	0.002911
AN	0.059372	0.001073	0.050638
AO	0.040688	0.002425	0.046178
AP	0.00236	0.005707	0.002845
AQ	0.036113	0.01861	0.005103
AR	0.027359	0.001784	0.030776
AS	0.001019	0.014314	0.028493
AT	0.001066	0.005005	0.007922
AU	0.007933	0.003826	1.54E-05

续表

技术指标	竞技状态佳	正常发挥	竞技状态差
AV	0.014934	0.002916	0.009028
AW	0	0	0
AX	0	0	0
AY	0.014386	0.0079	0.006856
AZ	0.014184	0.006775	0.026899
BA	0	0	0
BB	0.003912	0.024863	0.03833
BC	0	0	0
BD	0	0	0
BE	0	0	0
BF	0.005784	0.015802	0.024629
BG	0	0	0
BH	0.026979	0.001669	0.020426
BI	0	0	0
BJ	0	0	0
BK	0	0	0
BL	0.008877	0.000532	0.008158
BM	0	0	0
BN	0.004006	0.002799	0.001855

从表 6-23 中可以看出，A1 在竞技状态正常发挥时，弧圈技术、挑打、中路球技术对于比赛获胜起到了最重要的作用；竞技状态较差时，摆短技术对于比赛结果起着决定性作用；当其竞技状态较佳时，摆短—正手短球和正手半出台球的质量对于比赛获胜起着重要作用。在 3 种不同状态下，A1 的正手弧圈技术无论是得分率还是使用率在各个落点均呈现出较高的竞技效率值，说明该技术仍然是 A1 技术发挥中的重要环节，竞技状态较差时其比赛的摆短、劈长等技术对比赛的状态转化起着重要的承接作用。

6.4.2 优秀乒乓球运动员 A2 比赛技术评估

6.4.2.1 数理统计分析（A2）

比赛 1：2011 年斯洛文尼亚公开赛比赛分析（A2 vs W1），见表 6-24～表 6-26。

表 6-24　A2 vs W1 比赛各板得分分析

统计项	发球	接发球	第三板	第四板	相持	总计
得分次数	5	12	7	7	13	44
得分率(%)	12.82	34.29	22.58	35	26	—
构成比(%)	11.36	27.27	15.91	15.91	29.55	100
使用率(%)	8.33	20.83	19.44	15.28	36.11	—

表 6-25　A2 vs W1 比赛各板失分分析

统计项	发球	接发球	第三板	第四板	相持	总计
失分次数	1	3	7	4	13	28
失分率(%)	2.56	8.57	22.58	20	26	—
构成比(%)	3.57	10.71	25	14.29	46.43	100
使用率(%)	8.33	20.83	19.44	15.28	36.11	—

表 6-26　A2 vs W1 比赛三段分析

统计项	发抢段	接抢段	相持段
得分率(%)	60	73.08	50
使用率(%)	27.78	36.11	36.11

由以上表可以看出,本场比赛 A2 在发球和接发球第一板上明显优于 W1,在相持球的处理上,其与 W1 持平,比分为 13∶13。

图 6-19 的柱图为各板的得失分情况,可以看出在相持球上 A2 不占优势。

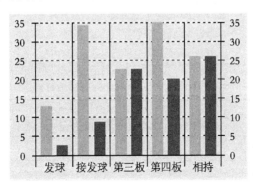

图 6-19　A2 vs W1 比赛各板得失分率分析

图 6-20 的饼图可以看出，A2 的接发球、第三板和第四板的使用率相同。

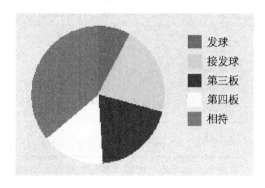

图 6-20　A2 vs W1 比赛各板使用率分析

比赛 2：2011 年欧亚对抗赛比赛分析（A2 vs W2），见表 6-27～表 6-29。

表 6-27　A2 vs W2 比赛各板得分分析

统计项	发球	接发球	第三板	第四板	相持	总计
得分次数	0	3	7	5	10	25
得分率(%)	0	13.64	29.17	26.32	19.23	—
构成比(%)	0	12	28	20	40	100
使用率(%)	0	6.52	19.57	21.74	52.17	—

表 6-28　A2 vs W2 比赛各板失分分析

统计项	发球	接发球	第三板	第四板	相持	总计
失分次数	0	0	2	5	14	21
失分率(%)	0	0	8.33	26.32	26.92	—
构成比(%)	0	0	9.52	23.81	66.67	100
使用率(%)	0	6.52	19.57	21.74	52.17	—

表 6-29　A2 vs W2 比赛三段分析

统计项	发抢段	接抢段	相持段
得分率(%)	77.78	61.54	41.67
使用率(%)	19.57	28.26	52.17

本场比赛 A2 胜在接发球和第三板，发抢段的得分率达到了 77.58%，接抢

第6章 机器学习方法及其体育应用

段的得分率达到了 61.54%,而相持段的得分率只有 41.67%。

图 6-21 的柱图可以观察的更为明显,浅色柱图为 A2 的各段得分率,相持不占优势。

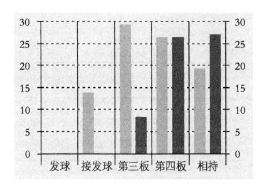

图 6-21　A2 vs W2 比赛各板得失分率

图 6-22 可以看出,A2 的接发球、第三板和第四板的使用率情况。

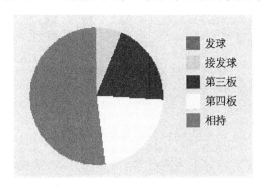

图 6-22　A2 vs W2 比赛各板使用率

比赛 3:2011 年国际乒联巡回赛总决赛 A2 vs B4 比赛分析,见表 6-30～表 6-32,图 6-23。

表 6-30　A2 vs B4 比赛各板得分分析

统计项	发球	接发球	第三板	第四板	相持	总计
得分次数	11	12	15	9	15	62
得分率(%)	17.46	19.67	30.61	21.43	22.39	—
构成比(%)	17.74	19.35	24.19	14.52	24.19	100
使用率(%)	11.29	15.32	25.81	20.97	26.61	—

表 6-31　A2 vs B4 比赛各板失分分析

统计项	发球	接发球	第三板	第四板	相持	总计
失分次数	3	7	17	17	18	62
失分率(%)	4.76	11.48	34.69	40.48	26.87	—
构成比(%)	4.84	11.29	27.42	27.42	29.03	100
使用率(%)	11.29	15.32	25.81	20.97	26.61	—

表 6-32　A2 vs B4 比赛三段分析

统计项	发抢段	接抢段	相持段
得分率(%)	56.52	46.67	45.45
使用率(%)	37.1	36.29	26.61

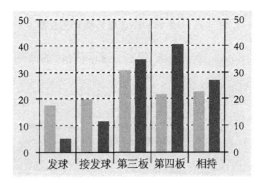

图 6-23　A2 vs B4 比赛各板得失分率

A2 在发球和接发球环节占有优势,而在第三板、第四板和相持均落后于 B4,而此三者在比赛中占的比重又较大。A2 与 B4 整场比赛的大比分相同,为 62∶62,其优势体现在第一板球,其后各板均无优势可言。

从图 6-24 饼图也可看出,其各板的球数比较接近。

比赛 4:2011 年奥地利公开赛比赛分析(A2 vs B3),见表 6-33～表 6-35。

表 6-33　A2 vs B3 比赛各板得分分析

统计项	发球	接发球	第三板	第四板	相持	总计
得分次数	3	13	16	6	12	50
得分率(%)	5.17	21.31	29.09	14.29	14.12	—
构成比(%)	6	26	32	12	24	100
使用率(%)	2.52	15.97	26.89	14.29	40.34	—

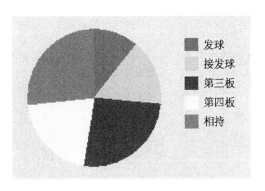

图 6-24　A2 vs B4 比赛各板使用率

表 6-34　A2 vs B3 比赛各板失分分析

统计项	发球	接发球	第三板	第四板	相持	总计
失分次数	0	6	16	11	36	69
失分率(%)	0	9.84	29.09	26.19	42.35	—
构成比(%)	0	8.7	23.19	15.94	52.17	100
使用率(%)	2.52	15.97	26.89	14.29	40.34	—

表 6-35　A2 vs B3 比赛三段分析

统计项	发抢段	接抢段	相持段
得分率(%)	54.29	52.78	25
使用率(%)	29.41	30.25	40.34

由上表可以看出,本场比赛与上一场比赛类似,A2 仍然是输在第四板和相持,第四板与 B3 的比分为 6:11,相持球与 B3 的比分为 12:36,大比分为 3:4,从三段分析来看,A2 在发抢段占有明显优势,得分率达到了 54.29%,而相持段的质量不高,得分率只有 25%,而其使用率却达到了 40.34%,表明 A2 需加强相持能力。

图 6-25 的柱图对比明显可以看出,A2 在发球、接发球占有明显优势,在第三板与 B3 基本持平,而在第四板和相持段则明显次于 B3。

图 6-26 饼图可以看出,A2 的相持段使用率最高,再结合上其相持较低的的得分率可以看出,其必须加强相持质量。

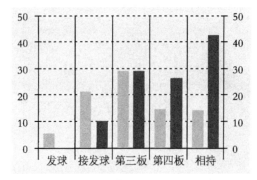

图 6-25　A2 vs B3 比赛各板得失分率分析

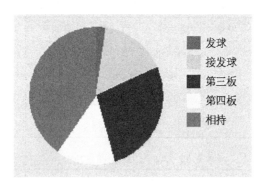

图 6-26　A2 vs B3 比赛各板使用率分析

6.4.2.2 基于机器学习的评估(A2)

步骤如下：
- 计算各项技术指标的得分率和使用率，并构建决策矩阵；
- 将决策集划分为训练集和目标集；
- 将训练集输入人工神经网络模型进行建模；
- 将目标集输入网络模型计算各项技术指标的竞技效率值；
- 按照竞技效率值的大小对各项技术指标进行排序，得出诊断结果（图 6-27～图 6-34）。

采用人工神经网络建模，12 场比赛技术数据用于训练并建立模型，3 场比赛用于验证训练精度，拟合精度达到了 96.67%，3 场比赛用于 A2 比赛技术诊断（表 6-36～表 6-40，图 6-35）。

第 6 章 机器学习方法及其体育应用

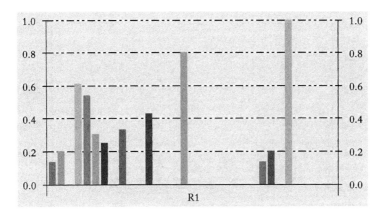

图 6-27　A2 vs W1(2011 年斯洛文尼亚)各项技术指标的得分率

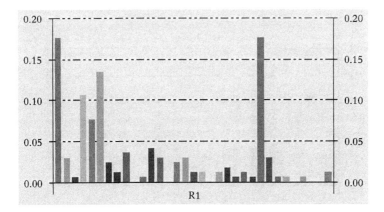

图 6-28　A2 vs W1(2011 年斯洛文尼亚)各项技术指标的使用率

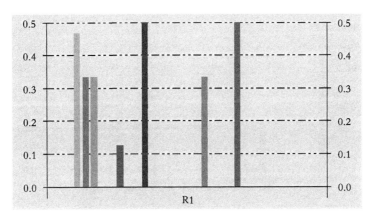

图 6-29　A2 vs W2(2011 年欧亚对抗赛)各项技术指标的得分率

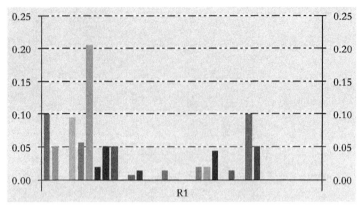

图 6-30　A2 vs W2(2011年欧亚对抗赛)各项技术指标的使用率

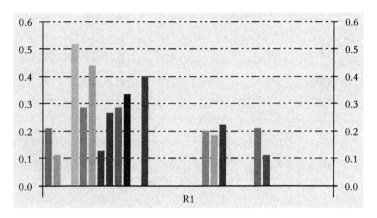

图 6-31　A2 vs B4(2011年巡回总决赛)各项技术指标的得分率

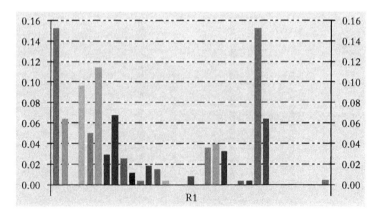

图 6-32　A2 vs B4(2011年巡回总决赛)各项技术指标的使用率

第 6 章 机器学习方法及其体育应用

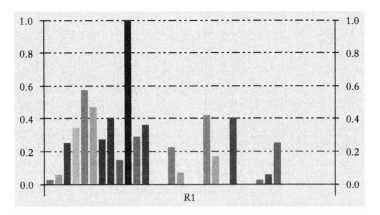

图 6-33 A2 vs B3(2011 年奥地利)各项技术指标的得分率

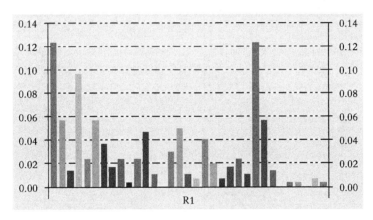

图 6-34 A2 vs B3(2011 年奥地利)各项技术指标的使用率

表 6-36 A2 各项比赛技术数据 1

比赛编号	A	B	C	D	E	F	G	H	I	J	K	L
1	0.1111	0.1	0.1	0.1111	0.5	0.0111	0.5	0.0889	0.4444	0.05	0.5	0.0889
2	0.027	0.1229	0.0588	0.0565	0.25	0.0133	0.3448	0.0963	0.5714	0.0233	0.4706	0.0565
3	0.1333	0.1754	0.2	0.0292	0	0.0058	0.6111	0.1053	0.5385	0.076	0.3043	0.1345
4	0	0.0797	0	0.0362	0	0	0.5294	0.0616	0.1111	0.0326	0.3415	0.1486
5	0	0.0994	0	0.0497	0	0	0.4667	0.0932	0.3333	0.0559	0.3333	0.205
6	0	0.0235	0	0.1	0	0.0059	0.2	0.1765	0.4167	0.0706	0.375	0.1412
7	0.0455	0.141	0	0.0064	0	0	0.4615	0.0833	0.5	0.0641	0.2222	0.1154
8	0	0.1269	0	0.0224	0	0	0.5385	0.194	0.2727	0.0821	0.4444	0.0672
9	0.0769	0.1057	0	0	0	0	0.3077	0.1057	0.3333	0.0732	0.2083	0.1951
10	0	0.0828	0	0.0345	1	0.0069	0.375	0.1103	0.2	0.0345	0.2222	0.1241
11	0.2093	0.1525	0.1111	0.0638	0	0	0.5185	0.0957	0.2857	0.0496	0.4375	0.1135
12	0.0938	0.1032	0.0625	0.1032	0	0	0.4211	0.0613	0.4615	0.0419	0.3023	0.1387
13	0	0.1123	0.0667	0.0802	0	0	0.3333	0.0802	0.625	0.0428	0.4375	0.0856
14	0.0833	0.1116	0.0556	0.0837	0	0	0.4737	0.0884	0.5833	0.0558	0.7222	0.0837
15	0.15	0.1064	0	0.0479	0	0.0106	0.1667	0.0638	0.3636	0.0585	0.2857	0.1117
16	0.1429	0.1217	0.375	0.0696	0	0	0.6667	0.0522	0.3333	0.0261	0.4	0.1739
17	0.0645	0.1994	0	0.0096	0	0.0064	0.6667	0.0868	0.5	0.0257	0.3846	0.1254
18	0	0.0739	0	0.0625	0	0	0.4706	0.0966	0.25	0.0909	0.3684	0.2159

第 6 章 机器学习方法及其体育应用

表 6-37 A2 各项比赛技术数据 2

比赛编号	M	N	O	P	Q	R	S	T	U	V	W	X
1	0	0.0111	0	0.0111	1	0.0111	1	0.0056	0	0.0111	1	0.0167
2	0.2727	0.0365	0.4	0.0166	0.1429	0.0233	1	0.0033	0.2857	0.0233	0.3571	0.0465
3	0.25	0.0234	0	0.0117	0.3333	0.0351	0	0	0	0.0058	0.4286	0.0409
4	0.0625	0.058	0	0.0362	0.2632	0.0688	0	0.0072	0	0.0036	0.2222	0.0326
5	0	0.0186	0	0.0497	0.125	0.0497	0	0	0	0.0062	0.5	0.0124
6	0	0.0588	0	0.0059	0.5	0.0471	0	0.0059	0	0	0	0.0059
7	0.3333	0.0577	0.6	0.0321	0	0.0513	0	0	0	0.0064	0	0.0128
8	0.375	0.0597	0	0.0149	0	0.0448	0	0.0149	0	0	0	0.0075
9	0	0.0081	0	0.0081	0.3333	0.0244	1	0.0081	0	0	0	0.0163
10	1	0.0069	0	0.0207	0	0.0345	0	0.0069	0	0	0	0.0207
11	0.125	0.0284	0.2632	0.0674	0.2857	0.0248	0.3333	0.0106	0	0.0035	0.4	0.0177
12	0.3333	0.0387	0.375	0.0516	0.3182	0.071	0	0.0032	0	0.0065	0.5	0.0129
13	0.4444	0.0481	0.125	0.0428	0.2727	0.0588	0	0.0107	0	0	0.1429	0.0374
14	0.625	0.0372	0.25	0.0558	0.3889	0.0837	0	0	0	0.0047	0	0
15	0	0.0745	0.1538	0.0691	0.2857	0.0372	0	0	0	0	0.25	0.0213
16	0	0.0174	0.1667	0.0522	0.1818	0.0957	0	0	0	0	0	0
17	0.5	0.0257	0.5	0.0064	0.25	0.0386	0.6667	0.0096	1	0.0032	0.4286	0.045
18	1	0.0114	0.4286	0.0398	0	0.0739	0.5	0.0114	0	0.0114	0	0

表 6-38 A2 各项比赛技术数据 3

比赛编号	Y	Z	AA	AB	AC	AD	AE	AF	AG	AH	AI	AJ
1	0.2	0.022	0	0	0	0.0396	0.6667	0.0132	0.2	0.022	0	0.0264
2	0	0.0047	0	0.0187	0.1818	0.0514	0	0.0047	0.0833	0.0561	0	0.014
3	0	0	0	0.0084	1	0.0042	0	0.0084	0.2727	0.0462	0	0
4	0.5	0.007	0.3333	0.0105	0.5	0.0139	0	0	0	0	0	0
5	0	0	0	0	0.25	0.0282	0	0	0.1667	0.0423	0	0
6	0	0.0137	0	0.0205	0.5	0.0137	0.6667	0.0205	0	0.0274	0	0
7	0	0	1	0.0061	0.4286	0.0427	0	0	0.4	0.0305	0.3333	0.0183
8	0	0.0136	0	0	0.3333	0.0204	0	0.0136	0	0.0136	0.25	0.0272
9	0	0	0	0.0045	0	0.0271	0	0.009	0.3333	0.0407	0	0.0181
10	0.25	0.0129	0	0	0.2	0.0322	0	0.0064	0.25	0.0129	0	0.0032
11	0	0.0105	0	0	0	0.0158	0.25	0.0211	0	0.0053	0	0.0053
12	0.5	0.0044	0	0	0.1429	0.0306	0	0.0175	0	0.0175	0	0.0175
13	0	0.0127	0	0	0	0.0127	0.5	0.0127	0	0.0127	0	0.0127
14	0	0	0	0.0165	0	0	0	0.0123	0.2174	0.0947	0	0
15	0	0	0	0.0088	0.25	0.0354	0	0	0	0.0177	0	0
16	0.5	0.0142	0	0.0071	0.4	0.0355	0	0.0142	0.5556	0.0638	0	0.0071
17	0	0.0274	0	0	0	0	1	0.0137	0	0	0	0
18	0	0.0099	0	0.0049	0	0.0197	0.2222	0.0443	0	0.0148	0	0.0099

第 6 章 机器学习方法及其体育应用

表 6-39 A2 各项比赛技术数据 4

比赛编号	AK	AL	AM	AN	AO	AP	AQ	AR	AS	AT	AU	AV
1	0	0	1	0.0044	0.5	0.0176	0	0.0044	0.3333	0.0132	0.1429	0.0308
2	0	0.0093	0	0.0093	0	0	0	0.0047	0	0.0187	0.25	0.0374
3	0	0.0042	0	0.0378	0	0.0126	0	0.021	0.3333	0.021	0.3636	0.0462
4	0	0.0348	0.125	0.0557	0.0909	0.0383	0	0.007	0	0.0209	0.25	0.0279
5	0	0	0.3333	0.0423	0.5	0.0141	1	0.007	0	0.0211	0.1667	0.0423
6	0	0	0.5	0.0137	0	0	0	0	0	0	0	0.0068
7	0	0	0	0	0	0.0183	1	0.0122	0	0.0122	0	0
8	0	0	0	0.0068	0	0.0068	0	0	0	0.0136	0	0.0136
9	0	0	0	0.009	0	0.0045	0	0	0	0	0	0.009
10	0	0.0096	0	0.0289	0.2308	0.0418	0.25	0.0257	0	0.0096	0.4667	0.0482
11	0	0	0.25	0.0421	0	0.0211	0	0	0.5	0.0105	0.5	0.0105
12	0	0.0087	0	0	0	0	1	0.0087	0	0.0131	0.5	0.0087
13	0.6667	0.0191	0.5	0.0127	0	0	1	0.0127	0	0.0064	0	0.0064
14	0	0	0.1111	0.037	0	0	0	0.0082	0	0	0	0.037
15	0	0	0.3333	0.0265	0	0.0088	0	0.0177	0.3333	0.0531	1	0.0177
16	0	0	0	0.0071	0	0	1	0.0071	1	0.0071	0	0.0142
17	0.5	0.0548	0	0.0548	0	0	1	0.0137	0	0	0	0
18	0.3333	0.0148	0.25	0.0197	0	0.0049	0.1429	0.0345	0	0.0099	0.2	0.0493

表 6-40　A2 各项比赛技术数据 5

比赛编号	AW	AX	AY	AZ	BA	BB	BC	BD	BE	BF	BG	BH	BI	BJ	BK	BL	BM	BN
1	0	0	0	0	0	0	0	0	0	0	0	0	0	0	0	0	0	0
2	0	0	0	0	0	0	0	0	0	0	0	0	0	0	0	0	0	0
3	0	0	1	0.0042	0	0	0	0	0	0.0042	1	0.0042	0	0	0	0	0.5	0.0084
4	0	0	0	0	0.6667	0.0105	0	0	0	0	0	0.0035	0	0	0	0	0.2	0.0174
5	0	0	0	0	0	0	0	0	0	0	0	0	0	0	0	0	0	0
6	0	0	0	0	0	0	0	0	0	0	1	0.0068	0	0	0	0	0	0.0068
7	0	0	0	0	0	0	0	0	0	0	0	0	0	0	0	0	1	0.0061
8	0	0	0	0	0	0	0	0	0	0	0	0	0	0	0	0	0	0.0068
9	0	0	0	0	0.6667	0.0096	0	0	0	0	0	0	0	0	0	0	0.3333	0.0136
10	0	0	0	0	0	0	0	0	0	0	0	0.0032	0	0	0	0	0.3	0.0322
11	0	0	0	0.0053	0	0	0	0	0	0	0	0.0105	0	0	0	0	0	0.0053
12	0	0	0	0	0	0	0	0	0	0.0127	0	0	0	0	0	0	0	0.0087
13	0	0	0	0.0127	0	0	0	0	0	0	0	0	0	0	0	0.0064	0	0
14	0	0	0	0	0.3333	0.0123	0	0	0	0	0	0.0082	0	0	0	0	0	0
15	0	0	0	0	0	0	0	0	0	0	0	0	0	0.0049	0	0	0	0
16	0	0	0	0	0	0	0	0	0	0	0	0	0	0	0	0	0	0
17	0	0	0	0	0	0	0	0	0	0	0	0.0137	0	0	0	0	0	0.0137
18	0	0	0	0	0	0	0	0	0	0	0	0	0	0	0	0	0	0

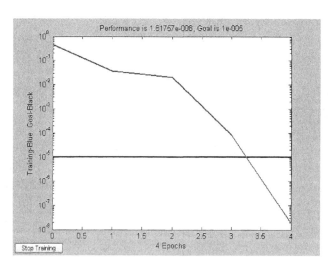

图 6-35　A2 人工神经网络模型拟合过程

A2 技术诊断结果如图 6-36、表 6-41 所示。

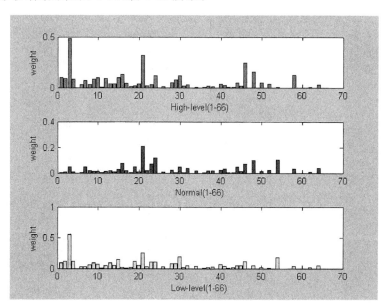

图 6-36　A2 技术诊断结果

表 6-41 A2 各项技术指标竞技效率值

技术指标	竞技状态佳	正常发挥	竞技状态差
A	0.09729	0.003068	0.097232
B	0.088473	0.008065	0.112134
C	0.480647	0.052544	0.552096
D	0.08568	0.00889	0.111399
E	0	0	0
F	0.030942	0.004271	0.023185
G	0.072975	0.047945	0.022644
H	0.031044	0.018136	0.065336
I	0.080714	0.011535	0.096576
J	0.097839	0.013304	0.076482
K	0.003682	0.000145	0.004074
L	0.088281	0.014379	0.048966
M	0.033712	0.019497	0.089742
N	0.033393	0.008194	0.050146
O	0.096778	0.030832	0.148377
P	0.12983	0.077528	0.013506
Q	0.044575	0.017219	0.009777
R	0.012275	0.004333	0.012449
S	0.017272	0.049327	0.113969
T	0.03983	0.005911	0.048586
U	0.317586	0.208363	0.2592
V	0.016073	0.018554	0.023118
W	0.030586	0.070218	0.10742
X	0.115083	0.120216	0.104647
Y	0	0	0
Z	0.009689	0.005869	0.022463
AA	0	0	0
AB	0.048936	0.02191	0.086104
AC	0.07693	0.000184	0.079153
AD	0.118781	0.051634	0.190475
AE	0.018842	0.002186	0.014477
AF	0.030105	0.03794	0.045034
AG	0	0	0
AH	0.002916	0.016772	0.036245
AI	0	0	0
AJ	0.003731	0.000682	0.002402

第6章 机器学习方法及其体育应用

续表

技术指标	竞技状态佳	正常发挥	竞技状态差
AK	0.015399	0.018604	0.021325
AL	0.010098	0.019223	0.028048
AM	0	0	0
AN	0.036504	0.023686	0.073465
AO	0.025849	0.032695	0.035755
AP	0.002029	0.001704	0.005455
AQ	0.006268	0.004386	0.018862
AR	0.050782	0.050606	0.051223
AS	0.018536	0.013056	0.044662
AT	0.242133	0.069792	0.113585
AU	0	0	0
AV	0.154511	0.095626	0.044026
AW	0	0	0
AX	0.048368	0.014118	0.021496
AY	0	0	0
AZ	0.038806	0.024933	0.00423
BA	0	0	0
BB	0.005658	0.103441	0.18146
BC	0	0	0
BD	0	0	0
BE	0	0	0
BF	0.123057	0.036813	0.041999
BG	0	0	0
BH	0	0	0
BI	0	0	0
BJ	0.003132	0.006881	0.016307
BK	0	0	0
BL	0.029659	0.040769	0.053266
BM	0	0	0
BN	0	0	0

由上述诊断结果可以看出，A2 在竞技状态佳时，竞技效率值最高的技术指标为 C、U、AT，分别对应的技术指标是发球－半出台得分率、挑打－中路得分率、推挡－中路长球使用率；竞技状态正常时其诊断结果为 U、X、BB，分别对应的技术指标是挑打－中路得分率、挑打－反手使用率、其他技术－反手短球使用率；竞技状态差时其诊断结果为 C、U、AD，分别对应的技术指标是发球－半出台得分率、挑打－中路得分率、劈长－反手长球使用率。可以看到在 3 种不同的

竞技状态下体现出的技术特点是不同的,但也有相似之处。在3种状态下,挑打技术到中路球的得分率均对比赛获胜起到了决定性的作用,发半出台球的得分率在两种状态下均起到了关键性作用,其发球质量决定着比赛的胜负。另外,推挡—中路长球的技术、劈长—反手长球的技术、其他技术到对手反手短球的落点在3种状态下分别发挥着重要达到作用。

6.4.3 优秀乒乓球运动员 A3 比赛技术评估

6.4.3.1 数理统计分析(A3)

比赛1:2008年日本公开赛比赛分析(A3 *vs* W4),见表6-42～表6-44。

表6-42　A3 *vs* W4 比赛各板得分分析

统计项	发球	接发球	第三板	第四板	相持	总计
得分次数	3	11	14	3	8	39
得分率(%)	6.82	24.44	34.15	11.11	24.24	—
构成比(%)	7.69	28.21	35.90	7.69	20.51	100
使用率(%)	3.37	20.22	26.97	21.35	28.09	—

表6-43　A3 *vs* W4 比赛各板失分分析

统计项	发球	接发球	第三板	第四板	相持	总计
失分次数	0	7	10	16	17	50
失分率(%)	0	15.56	24.39	59.26	51.52	—
构成比(%)	0	14	20	32	34	100
使用率(%)	3.37	20.22	26.97	21.35	28.09	—

表6-44　A3 *vs* W4 比赛三段分析

统计项	发抢段	接抢段	相持段
得分率(%)	62.96	37.84	32
使用率(%)	30.34	41.57	28.09

由上表可以看出,本场比赛 A3 在发抢段的得分率达到了 62.96%,且使用率达到了 1/3 左右,是本场最重要的得分手段。三段的比例基本持平,接抢段的使用率略高。

图 6-37 的柱图为各板的得失分情况,可以看出在相持球上 A3 不占优势。各板使用率分析见图 6-38。

第 6 章 机器学习方法及其体育应用

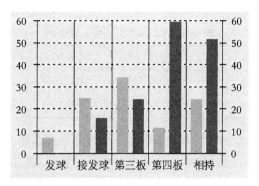

图 6-37　A3 vs W4 比赛各板得失分率分析

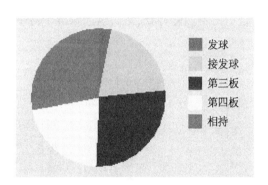

图 6-38　A3 vs W4 比赛各板使用率分析

比赛 2：2008 年韩国公开赛比赛分析（A3 vs W5），见表 6-45～表 6-47。

表 6-45　A3 vs W5 比赛各板得分分析

统计项	发球	接发球	第三板	第四板	相持	总计
得分次数	7	9	19	13	30	78
得分率(%)	9.21	11.84	27.94	22.81	25.64	—
构成比(%)	8.97	11.54	24.36	16.67	38.46	100
使用率(%)	5.19	12.99	22.08	21.43	38.31	—

表 6-46　A3 vs W5 比赛各板失分分析

统计项	发球	接发球	第三板	第四板	相持	总计
失分次数	1	11	15	20	29	76
失分率(%)	1.32	14.47	22.06	35.09	24.79	—
构成比(%)	1.32	14.47	19.74	26.32	38.16	100
使用率(%)	5.19	12.99	22.08	21.43	38.31	—

表 6-47　A3 vs W5 比赛三段分析

统计项	发抢段	接抢段	相持段
得分率(%)	61.9	41.51	50.85
使用率(%)	21.27	34.42	38.31

由上表可以看出，本场比赛 A3 在发抢段的得分率达到了 61.9%，但使用率较低，接抢段得分率较低，相持段与对手基本水平相当，因此这场比分两者实力相当，最终 A3 以 78∶76 的微弱优势获胜。

图 6-39 的柱图为各板的得失分情况，可以看出在相持球上 A3 与对手实力相当，在发球和第三板上略占优势，而在第四板上略逊于对手。各板使用率分析见图 6-40。

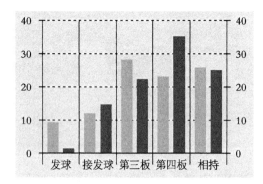

图 6-39　A3 vs W5 比赛各板得失分率分析

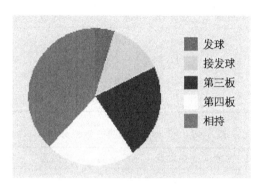

图 6-40　A3 vs W5 比赛各板使用率分析

比赛 3：2008 年韩国公开赛比赛分析(A3 vs W6)，见表 6-48～表 6-50。

表 6-48 A3 vs W6 比赛各板得分分析

统计项	发球	接发球	第三板	第四板	相持	总计
得分次数	8	14	13	2	14	51
得分率(%)	19.51	33.33	39.39	10	28	—
构成比(%)	15.69	27.45	25.49	3.92	27.45	100
使用率(%)	9.76	25.61	19.51	10.98	34.15	—

表 6-49 A3 vs W6 比赛各板失分分析

统计项	发球	接发球	第三板	第四板	相持	总计
失分次数	0	7	3	7	14	31
失分率(%)	0	16.67	9.09	35	28	—
构成比(%)	0	22.58	9.68	22.58	45.16	100
使用率(%)	9.76	25.61	19.51	10.98	34.15	—

表 6-50 A3 vs W6 比赛三段分析

统计项	发抢段	接抢段	相持段
得分率(%)	87.5	53.33	50
使用率(%)	29.27	36.59	34.15

由上表可以看出，本场比赛 A3 在发抢段、接抢段、相持段的使用率相当，基本在 1/3 左右，在发抢段和接抢段得分率分别达到了 87.5% 和 53.33%，明显优于对手，相持段与对手基本水平相当。这场比赛 A3 以绝对优势获胜。

图 6-41 的柱图为各板的得失分情况，可以看出在前三板 A3 的得分率均显著高于对手，相持段持平，前三板成为其获取比赛胜利的重要手段。各板使用率分析见图 6-42。

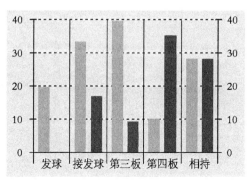

图 6-41 A3 vs W6 比赛各板得失分率分析

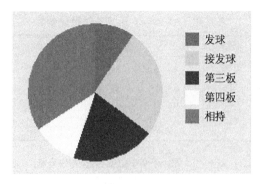

图 6-42　A3 vs W6 比赛各板使用率分析

6.4.3.2　基于机器学习的评估(A3)

根据各项技术指标的得失分和使用进行数理统计分析得出得分率和使用率图,图 6-43～图 6-48 中横轴为各项技术指标名称,纵轴为得分率(或使用率)。

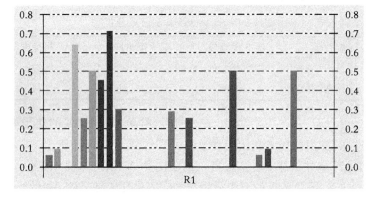

图 6-43　A3 vs W4(2008 年日本公开赛)各项技术指标的得分率

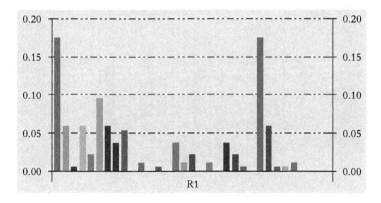

图 6-44　A3 vs W4(2008 年日本公开赛)各项技术指标的使用率

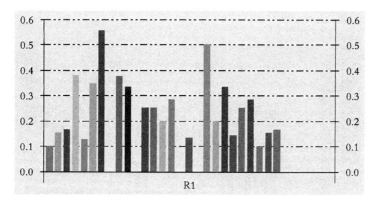

图 6-45　A3 *vs* W5(2008 年韩国公开赛)各项技术指标的得分率

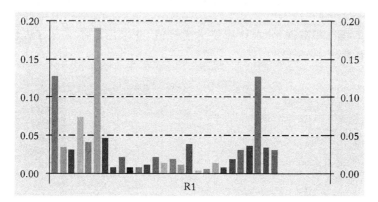

图 6-46　A3 *vs* W5(2008 年韩国公开赛)各项技术指标的使用率

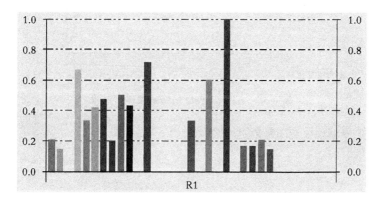

图 6-47　A3 *vs* W6(2008 年韩国公开赛)各项技术指标的得分率

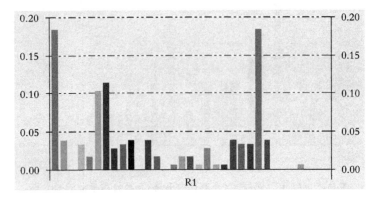

图 6-48　A3 vs W6(2008 年韩国公开赛)各项技术指标的使用率

采集 7 场比赛数据,分别计算技术指标值,并采用机器学习方法进行评估,拟合过程如图 6-49 所示。

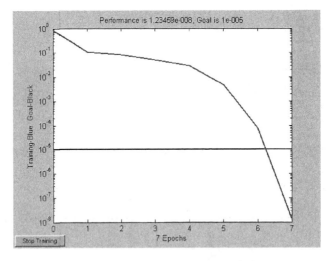

图 6-49　A3 人工神经网络模型拟合过程

评估结果如图 6-50、表 6-51 所示。

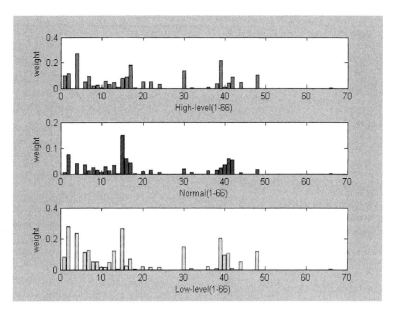

图 6-50　A3 技术诊断结果

表 6-51　A3 各项技术指标竞技效率值

技术指标	竞技状态佳	正常发挥	竞技状态差
A	0.099111	0.006481	0.080191
B	0.112401	0.07464	0.280879
C	0	0	0
D	0.26753	0.039657	0.236295
E	0	0	
F	0.050447	0.034678	0.111815
G	0.09504	0.011369	0.125705
H	0.019966	0.025599	0.049299
I	0.024407	0.015439	0.052124
J	1.13E-05	0.006931	0.013809
K	0.054926	0.026811	0.017003
L	0.026937	0.011306	0.047691
M	0.045015	0.031806	0.122626
N	0.006483	0.002176	0.002187
O	0.075449	0.148214	0.267726
P	0.085767	0.060362	0.022094

续表

技术指标	竞技状态佳	正常发挥	竞技状态差
Q	0.18023	0.043343	0.068493
R	0.001279	0.00218	0.002984
S	0	0	0
T	0.048252	0.008812	0.019135
U	0	0	0
V	0.048251	0.013615	0.016296
W	0	0	0
X	0.028233	0.007417	0.015022
Y	0	0	0
Z	0	0	0
AA	0	0	0
AB	0	0	0
AC	0	0	0
AD	0.134296	0.020254	0.148567
AE	0	0	0
AF	0.004151	0.005309	0.007134
AG	0	0	0
AH	0	0	0
AI	0	0	0
AJ	0.005959	0.011435	0.018254
AK	0	0	0
AL	0.032216	0.013501	0.0077
AM	0.214843	0.023011	0.204425
AN	0.008984	0.036391	0.095086
AO	0.041986	0.059387	0.108882
AP	0.089935	0.054791	0.006726
AQ	0	0	0
AR	0.044883	0.0038	0.049056
AS	0	0	0
AT	0	0	0
AU	0	0	0
AV	0.101827	0.018337	0.115103
AW	0	0	0
AX	0	0	0
AY	0	0	0
AZ	0	0	0

续表

技术指标	竞技状态佳	正常发挥	竞技状态差
BA	0	0	0
BB	0	0	0
BC	0	0	0
BD	0	0	0
BE	0	0	0
BF	0	0	0
BG	0	0	0
BH	0	0	0
BI	0	0	0
BJ	0	0	0
BK	0	0	0
BL	0	0	0
BM	0	0	0
BN	0.00026	0.001051	0.001868

6.4.4 优秀乒乓球运动员 A4 比赛技术评估

6.4.4.1 数理统计分析（A4）

比赛 1：2007 年科威特公开赛比赛分析（A4 vs A3），见表 6-52～表 6-54。

表 6-52　A4 vs A3 比赛各板得分分析

统计项	发球	接发球	第三板	第四板	相持	总计
得分次数	3	4	10	2	8	27
得分率(%)	7.32	10.53	28.57	7.41	25	—
构成比(%)	11.11	14.81	37.04	7.41	29.63	100
使用率(%)	5.19	14.29	29.87	20.78	29.87	—

表 6-53　A4 vs A3 比赛各板失分分析

统计项	发球	接发球	第三板	第四板	相持	总计
失分次数	1	7	13	14	15	50
失分率(%)	2.44	18.42	37.14	51.85	46.88	—
构成比(%)	2	14	26	28	30	100
使用率(%)	5.19	14.29	29.87	20.78	29.87	—

表 6-54　A4 vs A3 比赛三段分析

统计项	发抢段	接抢段	相持段
得分率(%)	48.15	22.22	34.78
使用率(%)	35.06	35.06	29.87

由上表可以看出,本场比赛在三段的得分率均低于对手。

图 6-51 的柱图为各板的得失分情况,第四板上 A4 与对手差距较大。各板使用率分析见图 6-52。

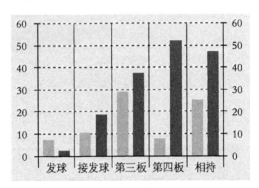

图 6-51　A4 vs A3 比赛各板得失分率分析

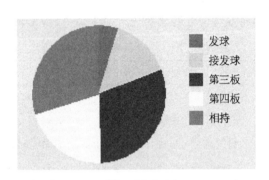

图 6-52　A4 vs A3 比赛各板使用率分析

比赛 2:2005 年女子世界杯比赛分析(A4 vs W7),见表 6-55~表 6-57。

表 6-55　A4 vs W7 比赛各板得分分析

统计项	发球	接发球	第三板	第四板	相持	总计
得分次数	4	10	8	9	23	54
得分率(%)	6.56	16.67	14.29	20.93	22.12	—
构成比(%)	7.41	18.52	14.81	16.67	42.59	100
使用率(%)	3.33	14.17	18.33	20.83	43.33	—

表 6-56　A4 vs W7 比赛各板失分分析

统计项	发球	接发球	第三板	第四板	相持	总计
失分次数	0	7	14	16	29	66
失分率(%)	0	11.67	25	37.21	27.88	—
构成比(%)	0	10.61	21.21	24.24	43.94	100
使用率(%)	3.33	14.17	18.33	20.83	43.33	—

表 6-57　A4 vs W7 比赛三段分析

统计项	发抢段	接抢段	相持段
得分率(%)	46.15	45.24	44.23
使用率(%)	21.67	35	43.33

由上表可以看出,本场比赛在三段的得分率均低于对手,相持战术使用比例较大,但发抢段的成功率要高于接抢段和相持段。

图 6-53 的柱图为各板的得失分情况,在发球和接发球第一板上 A4 占有优势。各板使用率分析见图 6-54。

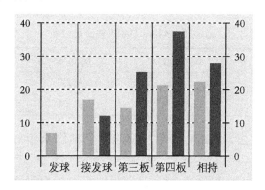

图 6-53　A4 vs W7 比赛各板得失分率分析

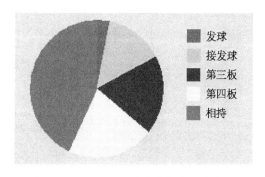

图 6-54　A4 vs W7 比赛各板使用率分析

比赛3:2006年女子世界杯比赛分析(A4 vs W8),见表6-58~表6-60。

表6-58　A4 vs W8比赛各板得分分析

统计项	发球	接发球	第三板	第四板	相持	总计
得分次数	3	6	5		10	
得分率(%)	9.09	17.14	17.24	0	20.83	—
构成比(%)	12.5	25	20.83	0	41.67	100
使用率(%)	5.88	17.65	19.12	14.71	42.65	—

表6-59　A4 vs W8比赛各板失分分析

统计项	发球	接发球	第三板	第四板	相持	总计
失分次数	1	6	8	10	19	44
失分率(%)	3.03	17.14	27.59	43.48	39.58	—
构成比(%)	2.27	13.64	18.18	22.73	43.18	100
使用率(%)	5.88	17.65	19.12	14.71	42.65	—

表6-60　A4 vs W8比赛三段分析

统计项	发抢段	接抢段	相持段
得分率(%)	47.06	27.27	34.48
使用率(%)	25	32.35	42.65

由上表可以看出,本场比赛在三段的得分率均低于对手,发抢的成功率较高。

图6-55显示与上一场比赛类似,第四板的差距较为明显。各板使用率分析见图6-56。

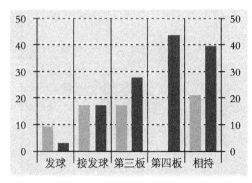

图6-55　A4 vs W8比赛各板得失分率分析

第 6 章 机器学习方法及其体育应用

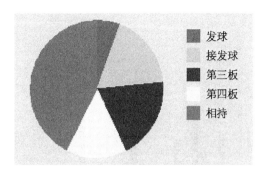

图 6-56　A4 vs W8 比赛各板使用率分析

6.4.4.2 基于机器学习的评估（A4）

分别对 2007 年科威特公开赛、2005 年女子世界杯、2006 年女子世界杯 3 场比赛进行数理统计分析，得出各项技术指标的得分率和使用率，如图 6-57～图 6-62 所示。

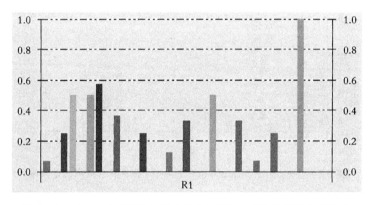

图 6-57　A4 vs A3（2007 年科威特公开赛）各项技术指标的得分率

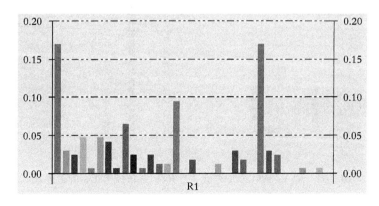

图 6-58　A4 vs A3（2008 年科威特公开赛）各项技术指标的使用率

体育信息技术

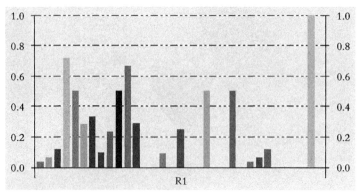

图 6-59　A4 *vs* W7(2005 年女子世界杯)各项技术指标的得分率

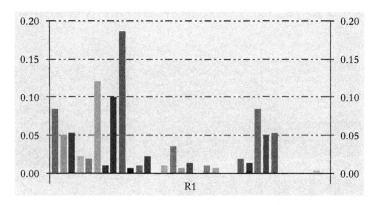

图 6-60　A4 *vs* W7(2005 年女子世界杯)各项技术指标的使用率

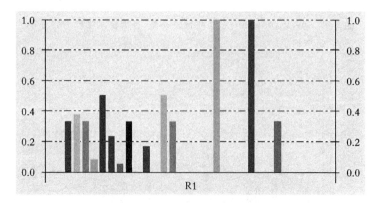

图 6-61　A4 *vs* W8(2006 年女子世界杯)各项技术指标的得分率

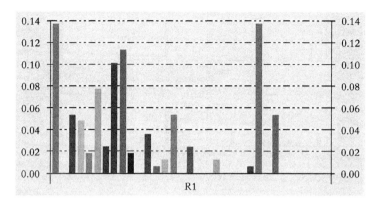

图 6-62 A4 vs W8(2006 年女子世界杯)各项技术指标的使用率

运用乒乓球数据采集软件采集上述 6 场比赛数据,进行数理统计后输入数据建立模型,并对 A4 进行技术诊断,拟合过程如图 6-63 所示。

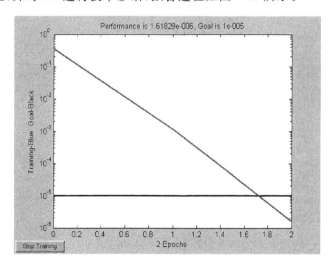

图 6-63 A4 人工神经网络模型拟合过程

A4 的评估结果如图 6-64、表 6-61 所示。

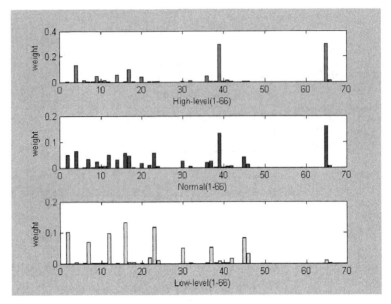

图 6-64 A4 技术诊断结果

表 6-61 A4 各项技术指标竞技效率值

技术指标	竞技状态佳	正常发挥	竞技状态差
A	0	0	0
B	0.00305	0.049795	0.101398
C	0	0	0
D	0.128974	0.065375	0.004142
E	0	0	0
F	0.011911	0.002257	8.74E-05
G	0.001901	0.032355	0.068811
H	0.000277	0.001195	0.000163
I	0.045047	0.021381	0.001268
J	0.005773	0.002949	0.000188
K	0.01099	0.005558	0.000351
L	0.002893	0.047808	0.097507
M	0	0	0
N	0.058501	0.029037	0.001918
O	0	0	0

第6章 机器学习方法及其体育应用

续表

技术指标	竞技状态佳	正常发挥	竞技状态差
P	0.002982	0.057249	0.133757
Q	0.099654	0.046093	0.002665
R	7.08E-05	0.001147	0.002321
S	0	0	0
T	0.04061	0.017776	0.000944
U	0	0	0
V	0.000472	0.008537	0.019238
W	0.003326	0.056334	0.117808
X	0.000296	0.004619	0.008954
Y	0	0	0
Z	0	0	0
AA	0	0	0
AB	0	0	0
AC	0	0	0
AD	0.001513	0.024469	0.049473
AE	0	0	0
AF	0.008388	0.004095	0.00025
AG	0	0	0
AH	0	0	0
AI	0	0	0
AJ	0.047633	0.020343	0.001049
AK	0.001589	0.025781	0.051043
AL	0.000868	0.000692	5.63E-05
AM	0.293211	0.133715	0.007146
AN	0.001754	0.000742	3.86E-05
AO	0.010678	0.004365	0.000755
AP	0.000406	0.007323	0.016272
AQ	0	0	0
AR	0	0	0
AS	0.0025	0.040477	0.082725
AT	0.000572	0.012581	0.032933

续表

技术指标	竞技状态佳	正常发挥	竞技状态差
AU	0	0	0
AV	0	0	0
AW	0	0	0
AX	0	0	0
AY	0	0	0
AZ	0	0	0
BA	0	0	0
BB	0	0	0
BC	0	0	0
BD	0	0	0
BE	0	0	0
BF	0	0	0
BG	0	0	0
BH	0	0	0
BI	0	0	0
BJ	0	0	0
BK	0	0	0
BL	0	0	0
BM	0.293337	0.159786	0.010353
BN	0.011372	0.005512	0.000331

参 考 文 献

[1]英国"网络生存"实验[EB/OL]. http://tech.sina.com.cn/news/internet/1999-8-18/4465,1998,8,18.

[2] 关于五次信息技术革命[EB/OL]. http://zhidao.baidu.com/question/67669551.html?si=1,2013,7,27.

[3] 2006—2020年国家信息化发展战略[EB/OL]. http://xxhs.miit.gov.cn/n11293472/n11295327/n11297172/11645862.html,2013,7,27.

[4] 赵黎.体育信息技术应用与发展[J],北京体育大学学报,2008,31(2):145~147.

[5] 体育计算机(信息技术)应用现状与展望[J],体育科学研究现状与展望,2007,10:252~273.

[6] 纪庆革,潘志庚,李祥晨.虚拟现实在体育仿真中的应用综述[J].计算机辅助设计与图形学学报,2003,15(11):1333~1338.

[7]Forerunner910XT product overview[EB/OL]. http://www.garmincenter.com/products/forerunner-910xt,2013,7,27.

[8] Data Volley product overview [EB/OL]. http://www.datavolley.com/VolleyBall/DataVolley2007.aspx,2013,7,27.

[9]What is Simi Scout[EB/OL]. http://www.simi.com/en/products/behaviour-and-tactic-analysis.html,2013,7,27.

[10]虞丽娟,张辉,凌培亮.《隔网对抗项目致胜因素的研究与实施》研究工作报告[R].上海:上海体育学院,2008.

[11]赵传杰,刘颖华,张辉.击剑比赛视频数据库管理系统的结构与应用[J].上海体育学院学报,2006,30(6):56~63.

[12]林豪慧,孙丽芳.信息资源检索与利用[M].第2版.北京:电子工业出版社,2007.

[13]匡松,洪平洲.信息资源检索与利用[M].北京:人民邮电出版社,2008:33~42.

[14]柳鲲鹏.基于AHP方法的体育信息网站评价指标体系的研究[D].上海:上海体育学院,2008:13.

[15]关于百度[EB/OL]. http://home.baidu.com/about/about.html,2013,7,27.

[16] 谷歌大全之公司简介[EB/OL]. http://www.google.com.hk/about/company/,2013,7,27.

[17] 关于雅虎[EB/OL]. http://cn.about.yahoo.com/company.html,2013,7,27.

[18] 有道概况[EB/OL]. http://www.youdao.com/about/index.html,2013,7,27.

[19] 爱问帮助中心[EB/OL]. http://iask.sina.com.cn/help/help.html,2013,7,27.

[20] 关于中搜[EB/OL]. http://www.zhongsou.com/about.html,2013,7,27.

[21] Google 学术搜索[EB/OL]. http://scholar.google.com.hk/intl/zh-CN/scholar/about.html,2013,7,27.

[22] 读秀[EB/OL]. http://www.duxiu.com/faq/faq.html,2013,7,27.

[23] EBSCO[EB/OL]. http://baike.baidu.com/view/671243.htm,2013,7,27.

[24] ISI[EB/OL]. http://baike.baidu.com/view/486401.htm,2013,7,27.

[25] PQDD[EB/OL]. http://baike.baidu.com/view/1359697.htm,2013,7,27.

[26] 体育资讯网[EB/OL]. http://www.sportinfo.net.cn/aboutus.asp,2013,7,27.

[27] 李鹏飞,冯葆欣,宗丕芳,等.指血与静脉血 BUN、CK 3 种测试方法的比较实验研究[J].体育科学,2010,30(1):80～85.

[28] 王永庆.机器学习原理与方法[M].西安:西安交通大学出版社,1998:1～17.

[29] 李陶深.机器学习[M].重庆:重庆大学出版社,2002:1～22.

[30] 尹朝庆,尹皓.机器学习与专家系统.北京:中国水利水电出版社,2002:1～40.

[31] 杨淑莹.模式识别与智能计算:Matlab 技术实现[M].北京:电子工业出版社,2008:191～199.

[32] 杨淑莹.模式识别与智能计算:Matlab 技术实现[M].北京:电子工业出版社,2008:140～151.

[33] 王永梅.基于神经网络的乒乓技术诊断模型研究[D].上海体育学院硕士论文,2006:6～15.

[34] 肖毅,张辉.中国乒乓球队奥运攻关研究报告—基于人工神经网络的乒乓球比赛诊断模型研究[J].体育科研,2008,29(6):19～22.

[35] 张辉,霍赫曼·安德烈亚斯.乒乓球比赛的数学模拟竞技诊断[J].上海体育学院,2004,28(2):68～72.

[36] 吴焕群,李振彪.乒乓球运动员技术诊断方法的研究[J].乒乓世界,1990,(2):38～42.

[37] 李今亮,苏丕仁.对部分世界优秀男子乒乓球进攻型选手技术实力的评估,兼谈十项指标评估法的建立[J].北京体育大学学报,1998,21(4):71～76.

[38] 王杰.基于人工智能的乒乓球比赛技战术诊断评估研究[D].上海:上海体育学院,2010:1～40.

[39] 黄华勇.奥运竞技体育项目技战术分析知识库的研究与实现[D].南京:南京理工大学,2008:47～59.

图书在版编目(CIP)数据

体育信息技术/王杰著.—上海：复旦大学出版社,2013.12(2017.7重印)
(竞攀系列)
ISBN 978-7-309-10136-2

Ⅰ.体… Ⅱ.王… Ⅲ.信息技术-应用-体育-研究 Ⅳ.G80-05

中国版本图书馆 CIP 数据核字(2013)第 243661 号

体育信息技术
王 杰 著
责任编辑/傅淑娟

复旦大学出版社有限公司出版发行
上海市国权路 579 号　邮编：200433
网址：fupnet@fudanpress.com　http://www.fudanpress.com
门市零售：86-21-65642857　团体订购：86-21-65118853
外埠邮购：86-21-65109143　出版部电话：86-21-65642845
江苏凤凰数码印务有限公司

开本 787×960　1/16　印张 11.75　字数 206 千
2017 年 7 月第 1 版第 2 次印刷

ISBN 978-7-309-10136-2/G·1247
定价：30.00 元

如有印装质量问题，请向复旦大学出版社有限公司出版部调换。
版权所有　侵权必究